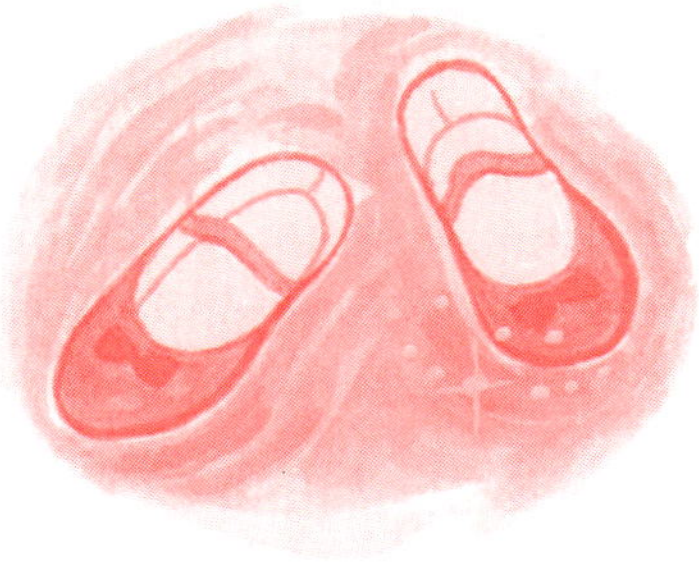

ディズニー
キセキの神様が
教えてくれたこと

Disney; What the Master of miracles Taught Me

鎌田 洋

Kamata Hiroshi

いま、我々は
夢がかなえられる世界に
生きている。

――ウォルト・ディズニー

なぜ、ディズニーではドラマが生まれるのか

ディズニーのことを考えただけで、何かいいことがありそうな気持ちになれる――。
そんなふうに語るゲストは少なくない。いったい、なぜなのだろう。

東京ディズニーリゾートの最寄り駅である舞浜《まいはま》。ゲストはそこに降り立った瞬間から、すでに空気の色が違うことを実感するという。

パークを行き交う人々の高揚感。それはまるで、春になりそれまで固く閉じていたつぼみが一斉に開いたかのよう。誰もが幸せそうな表情を風になびかせている。

そんな光景の中に、生き方に悩む30代の女性ゲストの姿があった。

仕事と子育てに追われ、笑顔や彩《いろど》りが失われていきそうになる日々。それでもなんとかがんばって毎日を乗り越えてきた。

自分だけがどうして。そんなふうにネガティブな想いに引きずり込まれそうになるたび、娘と行ったディズニーの思い出が詰まった写真や動画を観て、空っぽになりそうな心を満

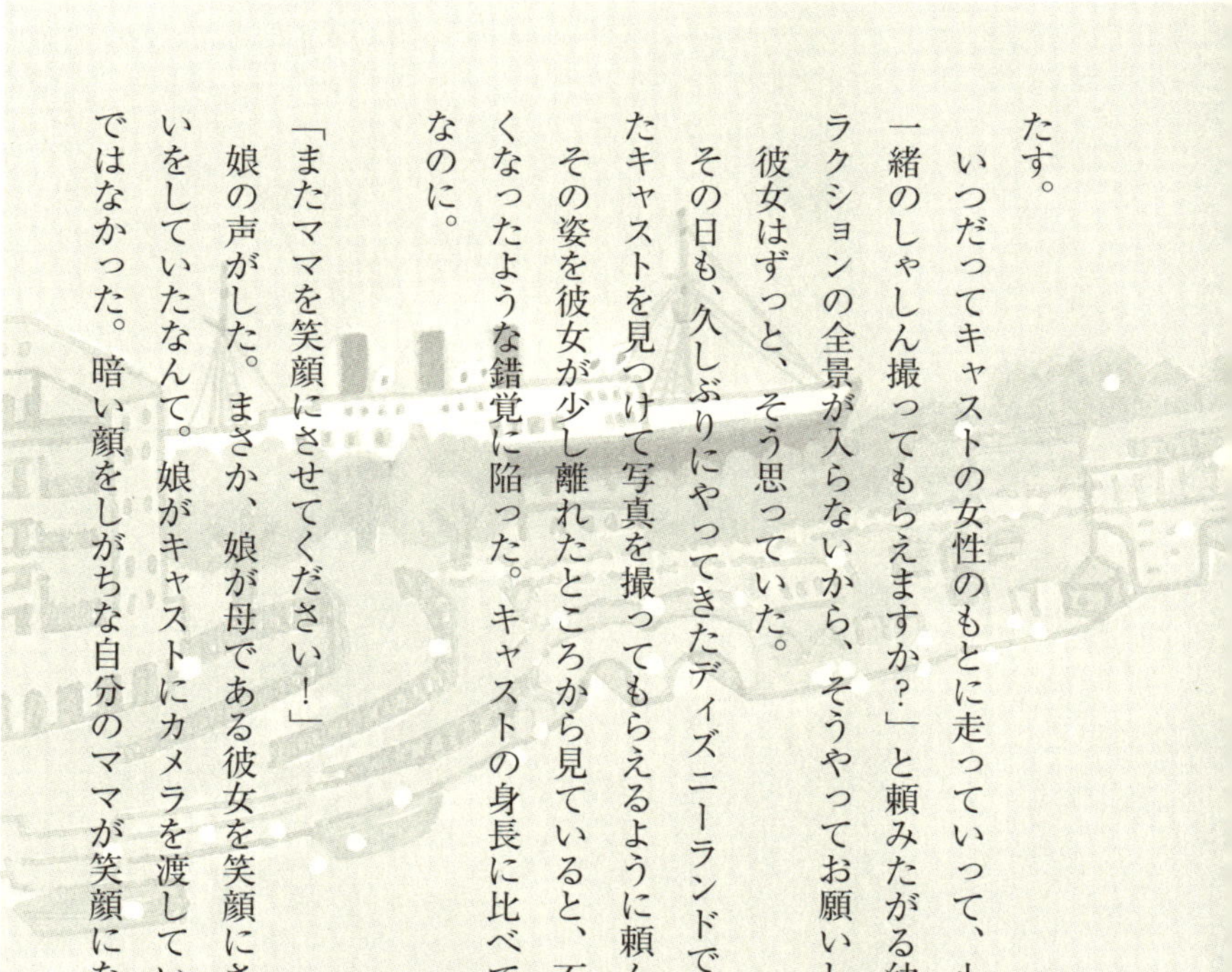

たす。

いつだってキャストの女性のもとに走っていって、小さな手でデジカメを渡し「ママと一緒のしゃしん撮ってもらえますか？」と頼みたがる幼い娘。自撮りでは娘が好きなアトラクションの全景が入らないから、そうやってお願いしている。

彼女はずっと、そう思っていた。

その日も、久しぶりにやってきたディズニーランドで6歳になった娘が、顔なじみになったキャストを見つけて写真を撮ってもらえるように頼んでいる。

その姿を彼女が少し離れたところから見ていると、不意に娘がわずかな間にすごく大きくなったような錯覚に陥った。キャストの身長に比べて、いつもあんなに小さかったはずなのに。

「またママを笑顔にさせてください！」

娘の声がした。まさか、娘が母である彼女を笑顔にさせたくて写真を撮ってもらうお願いをしていたなんて。娘がキャストにカメラを渡していたのは、自分が写りたかったからではなかった。暗い顔をしがちな自分のママが笑顔になるのを見たいため。

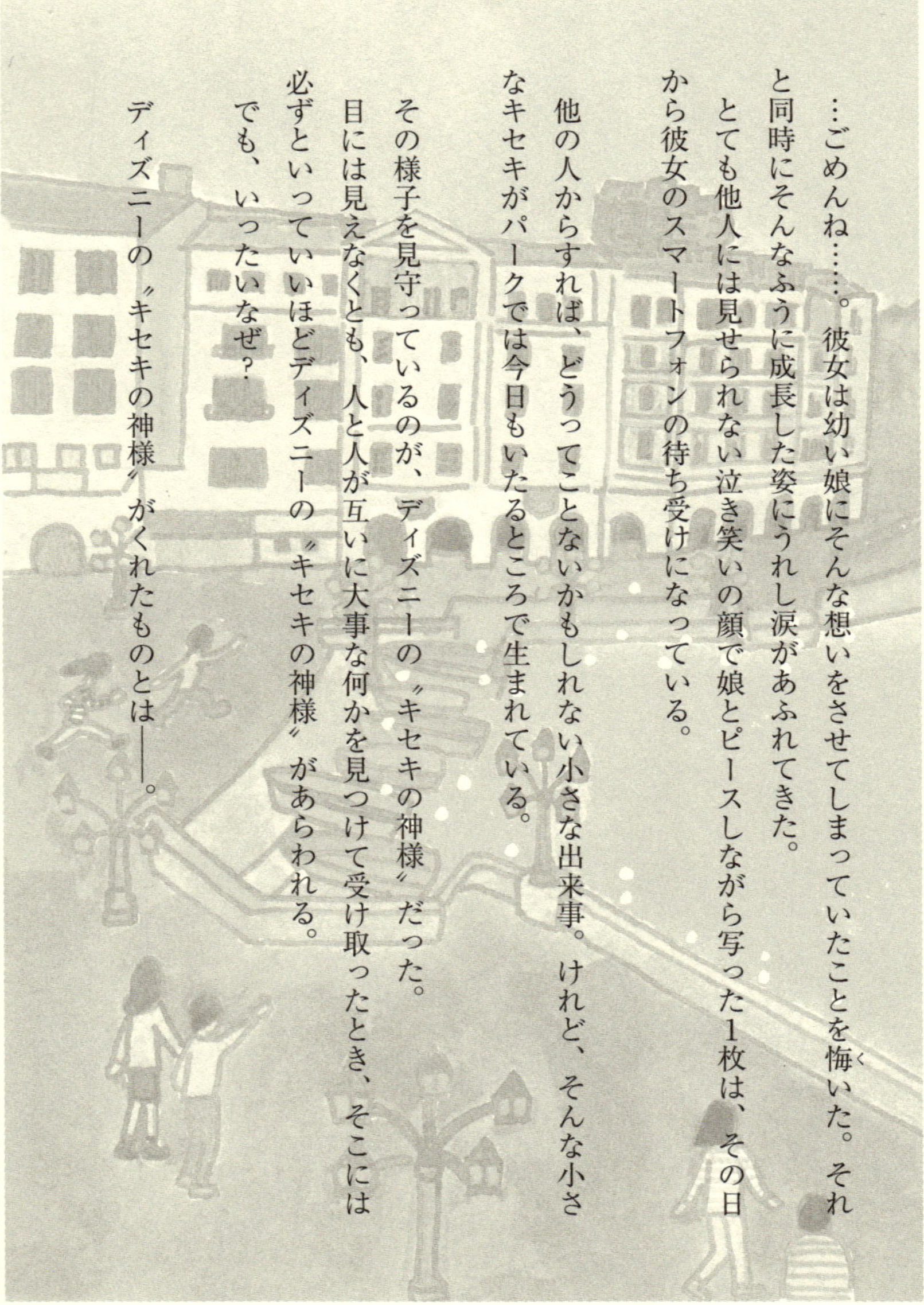

…ごめんね……。彼女は幼い娘にそんな想いをさせてしまっていたことを悔《く》いた。それと同時にそんなふうに成長した姿にうれし涙があふれてきた。

とても他人には見せられない泣き笑いの顔で娘とピースしながら写った1枚は、その日から彼女のスマートフォンの待ち受けになっている。

他の人からすれば、どうってことないかもしれない小さな出来事。けれど、そんな小さなキセキがパークでは今日もいたるところで生まれている。

その様子を見守っているのが、ディズニーの〝キセキの神様〟だった。

目には見えなくとも、人と人が互いに大事な何かを見つけて受け取ったとき、そこには必ずといっていいほどディズニーの〝キセキの神様〟があらわれる。

でも、いったいなぜ？

ディズニーの〝キセキの神様〟がくれたものとは――。

はじめに――ディズニーという糸が紡《つむ》いだキセキ

これから始まる物語は、みなさんを、これまで見たことも、聞いたこともないディズニーの〝キセキの神様〟の世界にお連れします。

この本は、東京ディズニーランドの初代ナイトカストーディアル（夜間の清掃部門）スーパーバイザーとして、またディズニー・ユニバーシティ（教育部門）で全スタッフの育成指導に携わった私の体験を元にした「出会いとキセキ」にまつわるふしぎな物語です。

もしもディズニーと出会わなければ、きっと全然違う人生になっていた。ディズニーでの出会いが今の私をつくった――。

まるで映画のように、夢や希望、悲しみや苦しみを抱えた人がディズニーでの出会いを通して一つの糸で結ばれていく。それは決して特別なことではありません。

ディズニーランダーズ（ディズニーの住人たち）と呼ばれるゲスト（お客様）やキャスト（従業員）、そしてダンサーなどのエンターテイナーの誰もが、自分の中にそれぞれの「出会いのキセキ」とも言えるドラマを持っている。

数あるテーマパークの中でもディズニーリゾートが特別だと称されるのは、じつは、そこに秘密があります。

テーマパークとしての規模やアトラクションの物語性、季節ごとのイベントやパレード、ショーの魅力といったことだけではなく、「ディズニーでしかあり得ない出会い」こそが、ディズニーの持つ特別感の源泉ではないでしょうか。

私がディズニーで働いていたとき、ゲストから毎日のようにゲストリレーションなどの部署を通して手紙が送られてきました。パークでのうれしかった出来事からお叱りの言葉まで内容はさまざま。

ですが、どの手紙にも共通していたことがありました。

それは、ほとんどすべてと言っていいぐらい「人」に関する内容だったのです。

このようにお話しすると、とんでもなく感動的な内容を想像されるかもしれませんが、もっとも多かったのはパークでの他愛もない出来事。

たとえば、赤ちゃん連れのゲストがパークのレストランで哺乳瓶《ほにゅうびん》のミルクを飲ませていました。赤ちゃんがミルクを飲み終え、うとうとし始めたところにキャストがこう声をかけてくれたそうです。

「もし、よろしかったら哺乳瓶を洗いましょうか！」

もうそのひと言がとてもうれしくてゲストは手紙を書いたのだといいます。しかも、キャストが洗った哺乳瓶を返すときには**「熱湯で洗い流しましたがブラシまではかけていません」という言葉も添えて。**

何気ないことですが、育児をされている人には、そんな小さな気遣いが宝物のように響くことがあります。ゲストは混雑するパークで疲れてイライラしそうになっていた心が一気に癒されたそうです。

夢と魔法の王国とはいえ、パークの混雑は人の心をどうしても尖《とが》らせてしまうもの。ゲストもキャストも互いに人間ですから、やはり疲労します。だからこそキャストは、大変なときほど「穏やかな人の気持ち」を持った言葉をかけたりすることで、少しでも場の空気をやわらげる。こんなことは、どれだけ技術が進化しても人間のほうがやはり一枚上手なのではないでしょうか。

こうしたゲストとキャストのエピソードは枚挙にいとまがありません。あのとき、あのキャストに出会っていなければ怒って帰ってしまっていたというエピソードは数限りなくあります。

どんなにIT（情報通信技術）やロボットが進化しても、もうダメかもと思うようなところから人の心を救い上げ、元気づけることができるのはやっぱり「人」。

いつも最先端の科学技術に関心を持ち、ディズニーのプロジェクトにも取り入れ続けたウォルト・ディズニーも、かつてこう語っています。

「人はこれからも人間として生きていきたいのだと信じています」

ウォルトは「人間が人間らしくいられる場所」としてディズニーランドをつくりました。

外の世界では勉強や仕事優先で、つい見失ってしまいそうになる人間らしい物事の感じ方や、人への思いやり。そういった人間の喜びを、ディズニーの世界ではとても自然に取り戻すことができる。

ときには、それによって思いがけないことが起こり、人はそれを〝キセキ〟と呼んだりします。

本当は誰もが誰かのために、いろんな力になることができます。キセキだって起こせる。

ディズニーの〝夢と魔法〟は、まさにそんな人間本来の力を取り戻すために存在するのだと言ってもいいでしょう。

本書は、私がディズニー時代、そして卒業後に出会った数多くのディズニーランダーズの実話の一部に基づきながら、人間愛にあふれたウォルトの想いや真意をできるだけわかりやすく伝えられたらという願いを込めて著した物語です。

ディズニーの〝キセキの神様〟は、いつだって私たちにこう語りかけています。

「悩むことも恐れることもないんだ。どんなときも表裏なく、素直に人としてのやさしさをあらわすこと。それさえあれば何だって乗り越えられるよ」

さあ、それでは開演です。みなさんと一緒にディズニーのキセキが織り成す世界へ入っていくことにしましょう！

２０１６年４月

鎌田　洋

目次

第1話

約束のパレード

２０１３年　４月

それは、いたずらな春風が、新しい季節への期待と不安を乗せて吹き抜ける午後だった。

15年という夢のような時間を経て、ディズニーランドを卒業した僕は、ディズニーで学んだ「おもてなしの心」とハピネスの種を届けるために全国を飛び回っている。

僕にとって、東京ディズニーリゾートは今も元気と癒しが得られるかけがえのない場所。仕事の合間を見つけてはランドやシーに立ち寄り、自分自身の〝充電〟をしている。言うならばディズニーは、もう一つの我が家なのだ。

その日も遠方での研修の帰りにシーに立ち寄り、お気に入りのメディテレーニアンハーバーで行われているミュージカルショーを横目に一息ついていた。

すると、中学生ぐらいの女の子から遠慮がちに声をかけられた。

「……あの……聞いてもいいですか？」

（なんだろう？　迷子にでもなったのかな。だけど、そんな感じでもなさそうだし）

僕はふしぎに思いながら女の子に「どうしたの？」と言った。

「ディズニーのダンサーさんって、どうしたらなれるんですか？」

まったく想定外の質問に僕は少し驚いたけれど、女の子の真っすぐな目を見ると、すごく考えて思い切ってたずねてみたんだろうという気がした。

「ダンサーさんになる方法ってこと?」

「はい……すみません、なんか急に。ディズニーの人に聞けばわかるかなと思って」

どうやら、たまたま僕が顔見知りのマネージャーと世間話をしていたのを見て、ジャケット姿の僕をディズニーの関係者だと思ったらしい。

「そうか。残念ながら僕はもうここを卒業しているんだけどね。でも昔は、ユニバーシティっていう部署でディズニーの文化やフィロソフィー(哲学)をかたちにするための仕組みをつくったり、それをキャストに伝えていく教育責任者をしてたんだよ」

「え、そうだったんですか!?」

女の子の表情がパッと輝いた。細かく言えば、ディズニーのキャスト(従業員)とエンターテイナー(ダンサー/キャラクター)は、採用方法やデビューまでの道のり

がそれぞれ違っている。

けれども、特別な場合をのぞいては基本的に何歳までという年齢制限もないし、資格が必要ということもない。いちばん大事なのは、人間が好きで、人の喜ぶ姿を見て幸せを感じられること。

世界中で、もっとも素晴らしい瞬間を自分の手でつくりたいと想う気持ちがあれば、それはもうキャストやエンターテイナーとしての立派な資格を手にしていることになる。

僕は、女の子に「18歳になれば誰でもディズニーのエンターテイナーオーディションを受ける資格ができること、定期的にオーディションがあること、ダンサーさんに手紙を出したいときはパーク内のメールボックスに投函するといいこと」などを教えてあげた。

「将来ダンサーさんを目指してるの？」

僕がたずねると、明日香《あすか》と名乗る女の子は少し視線を落として「いいえ、べつに……」と言った。

てっきり子どもの頃からダンサーを目指しているものだと思ってしまったので、意外な感じがした。ディズニーのダンサーになりたいという子はとても多くて、オーディションの競争率は100倍を超えることもあるという。

わざわざディズニーにひとりで来てミュージカルショーを観るぐらいだから、きっとこの明日香という女の子もダンサーを夢見ていると思ったのだ。

「あ、でも、ありがとうございました！」

ふしぎな子だなと思っていると、女の子はそう言ってペコッと頭を下げて走って行った。

じつは、このとき明日香は誰にも打ち明けられない悩みを抱えていたのだった――。

＊＊＊＊＊

「明日香ちゃん、本物のお姫様みたい！　上手よ」

母が褒《ほ》めてくれるのがうれしくて、幼稚園から帰ってくると、私はいつも家で「ひとりディズニーショー」をやっていた。

観客はお母さん。量販店で買ってもらった、いかにも子ども用のお姫様ドレスを着て、その日の気分で『美女と野獣』のヒロイン、ベルなんかになりきってディズニーのＣＤをかけてもらいながら踊るのだ。

他愛のない遊びの時間だったけれど、子どもの頃の私にとっては大事な大事な舞台だった。幼稚園から帰ってくるときも、自分なりに、今日はどんなふうにターンを決めてみようかななどと頭の中でイメージして、家に帰るとそのとおりに踊ってみる。

母は、そんな私に付き合ってくれて、本物の観客みたいに拍手してくれたり、とき

には写真に撮ってくれたりもした。
そのたびに私は、生まれて初めて家族で出かけたディズニーランドで観たショーやパレードのことを思い出して、幸せな気分になった。まるで、自分がそのとき観たショーやパレードで踊るダンサーさんと一緒に舞台に立っているかのように、頭の中でイメージが膨らんでいったからだ。

いつしか自分の中でも「絶対にディズニーのダンサーになるんだ」という想いが大きくなっていった。
本当なら小学生のときからダンスを習いたかったけれど、近くに通えるような教室もなく、中学生になったら少し離れた町のダンススクールに通いたいと考えていた。母も家の車で送り迎えしてくれるって約束をしてくれて、そのときが来るのを楽しみにしていた。

ところが――。

私が小学校6年になったとき、母の体調が悪くなった。

もともと、そんなに体が強いほうではなかった母だったが、ちょっとした家事をしてもしんどそうにして、キッチンのテーブルで座っている時間が増えた。

けれど、私や妹が気になって母の顔をのぞきこむと「大丈夫。ちょっと休憩したらすぐにご飯にするからね」と笑顔を見せるのだ。

そんなに大したことじゃないからと渋る母を父や祖父母が説得して、大きな病院で診てもらったところ「慢性骨髄性白血病」の初期の疑いがあるとのこと。

血液のがんとも言われていて、白血球の数が異常に増えすぎると感染症にかかりやすくなったりして命の危険が出てくる。母はこれ以上、白血球の数が増えないように通院治療を受けることになった。

白血病細胞の働きを抑える薬を投与してもらい、1か月ごとに通院して状態を診てもらうのだ。

「いい先生に診てもらってるから心配しなくていいよ」

私が、通院治療から帰ってきた母に「どうだった？」とたずねると、決まってそう答え、それ以上のことは言わない。きっと、数値は急激に悪くなることもなければ、すごく改善されていることもなかったのだと思う。

だから私や妹を心配させたくなくて、そんなふうに言っていたのだろう。それでも、やっぱり母が「大丈夫よ」と笑顔を見せてくれると、それだけで少し安心した気持ちになれた。

「それより、病院で待ってるときにね――」

母は私たちの心配を振り払うかのように、すぐに話題を変えて、その日に病院で出会った人から聞いたことや、担当医の先生の髪型が気になってじっと見てしまったことなどを面白そうに話してくれた。

私も少しでも母と楽しい気持ちになりたくて、新しく覚えたダンスを母と妹の前で踊って見せたりした。相変わらず母は、いちばん反応のいい観客になってくれてうれしかった。

そんななんでもない時間がこれからも当たり前のように続く。とくに意識したわけではないけれど、心のどこかでそんなふうに思っていた。それなのに……。

２０１１年　３月11日

えっ⁉

突然、これまで生きてきて経験したことのない、ものすごい揺れに放り込まれた。

キャーッ‼　校舎のあちこちから悲鳴があがり、ギィギィと金属のこすれる音や何かがドサドサと落ちる音が聞こえてくる。東日本大震災発生。

そのとき学校にいた私は、大きな波に揺さぶられる船みたいになった机にしがみつき、ぐわんぐわんとした揺れに耐えながら、何が起こっているのか必死に考えた。

地震だ！　人間はあまりにも突然の衝撃があると、とっさに自分がどんな状況の中にいるのかわからなくなるんだって、このとき初めて知った。

大きな揺れを何回かやり過ごしたあとで、校庭に集合して生徒が無事だったことを確認すると、その日の授業は打ち切りになり、近所の友達のお母さんの運転する車に一緒に乗せてもらい急いで家に帰った。家の中はひどい状態だったけれど、幸いなことに母は借りていた社宅の庭で洗濯物を取り込もうとしていて倒れてきた家具などでケガをすることもなかった。

幼稚園で待機しているらしい妹の優衣《ゆい》を私が迎えに行こうとすると、ちょうど父が勤めている工場からバイクを飛ばして帰ってきた。

「明日香！　お母さんは？」

「大丈夫だった！　優衣まだ幼稚園にいるんだって」

「わかった、お父さんが迎えに行ってくるから明日香はお母さんと待ってなさい」

とにかく家族がみんな無事だったことがなにより。だけど、古かった社宅は柱が傾き家具が倒れ、いろんなものが散乱している。おまけに電気もガスも止まって、とても暮らせる状態ではなくなってしまった。

夕方になると、寒さがたまらなくなってくる。とりあえず大事なものだけを、みんなそれぞれカバンやリュックに入れて車に積み込み、避難所になった小学校に移動した。そのときは、それから2か月もの避難所生活が始まるなんて思ってもみなかった。

避難所になった小学校に入ってくる情報は、信じられないようなものばかりだった。浜のほうでは津波でたくさんの建物が流され、行方不明になった人もいる。自分たちのいるところは少し内陸に入ったところとはいえ、家族親戚や知人の安否がわからない人も多く、余震の中で緊迫感と重たい空気が漂っていた。

最初はみんな、どうにかしなくちゃという気持ちが張っていたので、大変なことも大変と感じなかったのだと思う。でも、避難生活の時間が長くなっていくにつれて、だんだん「これからどうすればいいのか」という現実が重たくのしかかってきた。

なにより気がかりだったのは母の体調だ。決して口にはしないけれど、気が休まることのない避難所での生活は病気を患《わずら》っている母の体にはとても負担だったはず。次第に段ボールで仕切られただけの避難所の布団の上で寝ていることが多くなった。

治療で通っていた病院も、立ち入りが禁止された地域からの患者さんなどを受け入れたり重症患者さんの対応で混乱しているらしく、母は本当だったら投与を受けないといけない薬の間隔が空いてしまっていた。

4月になって学校は再開され、中学生になった私は避難所から通うことになったけれど、父の勤めていた工場は震災以来止まったまま。とうとう、操業を続けることが難しいという会社の判断で工場が閉鎖されることになり、私たち家族は住むところも仕事も失ってしまったのだ。

「このままここにいてもどうにもならない」

父は険しい顔でそう言って、私たちは郡山にある父親方の祖父母の家に移ることになった。

以前の会社の知り合いから、これまで父がやってきた技術が生かせる郡山の新しい工場での仕事を紹介してもらったことで決断したのだ。

それまでにも、母と父が深刻そうな顔で話しているのを私は見て見ぬふりをしていたけれど、そうなることは薄々わかっていた。このままもっと避難所生活が長引いたら、母の体がもたないかもしれない。それもわかっていたので、私と妹は黙って父の言葉に従って郡山に移ることにした。

明らかに母は震災前よりもしんどそうだった。

私がそのことを口にすると、母は少しだけ微笑んでこう言うのだ。

「何言ってるの。お母さんはまだいいほうだから。みんなだって無事だったし、少しぐらいしんどくたってがんばらないとね」

みんなで郡山に移る数日前。母は、避難所でお世話になったボランティアの人たちに挨拶したあと、「ちょっと座りたい」と言って、ふらふらと長椅子に倒れこんでしまった。

貧血。これまで、しんどくてもこんなふうに倒れるようなことはなかったので、父が病院に連絡すると、すぐに来てくださいという。
病院に着くと、母はいろんな検査をする必要があるとのことでそのまま入院することになった。

「……お母さん…」
とりあえずということで、4人部屋の病室に入った母を見送ると、母は「ごめんね」という表情でベッドの中から軽く手を振った。

それが、私のまぶたに焼きついている母の最後の姿だ。

郡山に移る準備をするために、一旦《いったん》、避難所に戻った父の携帯が鳴った。
病院からだった。母の容態が急変したという。私と妹のことを、荷物を運ぶのを手伝いに来てくれた伯母さん夫婦に頼むと、父は急いで病院に向かったが母は旅立った

あとだったらしい。

医師の説明では、おそらくなんとかそれまで保たれていた体の状態が、震災や避難所生活の疲れなど、さまざまな要因で急性転化を起こし、感染症を防ぐことができなくなったのだろうということだった。

(震災さえ起こらなければ……)

その言葉を口に出せたらよかったかもしれない。けれど、誰もがそのことを胸の奥に仕舞い込んでグッと我慢した。それを言っても誰にもどうしようもない。口にしてしまえば、行き場のない気持ちがいつまでもみんなに残るだけだから。

＊＊＊＊＊

もう自分が踊っても身近に褒めて見守ってくれる人もいない。

母が旅立って以来、何を見ても何をしていても自分が空っぽになったみたいな気がした。学校にも通いたくなくなった。ただでさえ、仲の良かった子たちとも震災で離れ離れになり寂しさがこみあげてくる。

父も祖父母も、そんな私をどうしていいかわからないみたいだった。といっても、そのときは何をしてもらっても、何を言われても受け止めることなんてできなかったのだけれど。

学校に行ったり行かなかったりをくり返しながら2年が過ぎたある日。

父が珍しく私をドライブに行こうと誘った。

「べつに行きたいとこなんかない」

私がスマートフォンの画面から顔も上げずに答えると、父は少しだけ沈黙したあとでこう言った。

「明日香にお父さんとふたりだけの大事な話がある」

「……大事な話?」

「そう」

「……わかった……」

父とふたりだけで車に乗るのは久しぶりだった。というより、父が車を運転している横顔をまじまじと眺めることも最近はなかった。

そういえば、いつもこんなふうに真剣な顔をして車を運転していたっけ。私は、小さい頃から見慣れているはずの父の横顔を、懐かしいような新鮮なようなふしぎな気分で見つめていた。

ファミリーレストランや衣料品の量販店が並ぶ国道に出るまで、父はずっと無言で前を見ている。ふたりだけの大事な話があるって言ったはずなのに。

「で、お父さんの大事な話って？」

私は、流れていたラジオのボリュームを少しだけ下げて父に言った。

「……お父さん、明日香に会わせたい人がいる」

（会わせたい人？）

私は頭の中で父の思いがけない言葉を何度かくり返した。会わせたい人。自然じゃない言い方だってことはなんとなくわかった。

そういうふうに言うしかないんだろうということも伝わった。

「……それって、女の人ってこと？……」

まさか自分が、そんなドラマの中でしか聞いたことがないセリフみたいなことを言うときがくるとは思わなかった。しかも、自分のお父さん相手に。

「誤解しないでほしいんだ」

「誤解も何も、まだなんにも聞いてないんだけど」

「そうだったな」

父は自分で自分に言い聞かせるみたいにして話を続けた。

私に会わせたい人というのは、父の高校時代の同級生で美穂子《みほこ》さんという人のことだった。美穂子さんはずっと独身で、東京で写真家をやっていたらしい。ところが震災で母親を亡くし、独りになった父親を心配して地元に戻ってきたのだという。

美穂子さんの実家があったあたりは、私たち家族の社宅があった地域よりもさらに被害が大きく、その変わり果てた町の姿にショックを受けたそうだ。そして東京での写真家の仕事を辞め、ボランティア活動をしながら地域の写真を撮影していろんなメディアに発表するようになった。

父は、たまたま見た新聞で美穂子さんのことを知って驚いたそうだ。その後、これも偶然、父が新しい工場に勤めてから出会った、同じように震災で移ってきた仲間とボランティアをしているときに美穂子さんと再会したのだ。

たしかに、こっちに移ってきてから父は寂しそうだった。妹はおじいちゃん、おばあちゃんに甘えて、私はといえば独りで引きこもってしまっている。誰も父と話をする相手がいないのだ。
母が旅立ってしまって、私は空っぽになった自分の世界に閉じこもってしまってい
たけれど、父も同じぐらい空っぽな気持ちを抱えていたのかもしれない。
そう考えると父が高校時代の同級生だった美穂子さんに、いろんな話を聞いてもら
ったり、逆に美穂子さんの話を聞いてあげたりするというのもわかる。
父もここではなかなか話す相手のいない、妻を失った苦しみや子育ての悩みを打ち
明け、美穂子さんもずっと地元を離れて親しく話せる人もいない孤独感を抱えていた
中、お互いに心の支えのような存在になっていったのだと話した。

だけど……。

「明日香にはわからない話かもしれないのもわかってる」
「……」
「でも、お父さん、だからってボランティアに出てるわけじゃない。そこを誤解して

ほしくないんだ」
「誤解って、何が？」
「だから……お母さんのことを忘れてしまったとか、そういうことじゃないってこと」
「それは、わかってる」

うそ。わかってないかもしれない。半分ぐらいはそうじゃないってわかる。でも、お母さんが生きてたら、絶対にこんなことってなかったのに。そう考えると、素直に「わかってる」とは言えないし、言いたくない。

車が交差点の信号で停まり、アイドリングストップでシンとした車内に、何色でも染められないような沈黙が入り込んできた。

「こんなこと明日香に言うのはおかしいって、お父さんだって思う。正直言って、すごく悩んだ。お母さんを裏切ってるように思われても仕方ない。だけど、このことを隠して美穂子さんと話をしてるのもダメなんじゃないかって」

父はそう言って、ハンドルを握ったまま何かをこらえるように顔を車のサンバイザーのほうに上げた。

ブプーッ！

後ろの車のクラクションが鳴る。

「お父さん、信号」私は父に信号が青に変わったことを教えた。

「おっと、ごめん！」

父はあわててアクセルを踏み、エンジンが再びかかって車が走り出した。

それからしばらくたったある日。父は街が一望できる大きな公園で私と妹に美穂子さんを紹介した。妹は美穂子さんが持っていた大きなカメラで自分の写真を撮ってもらって上機嫌だった。

「美穂子おねえちゃん」と美穂子さんのことを呼んで、すぐに仲良くなった。

私は、本当のところ、どんなふうに接していいのかわからない。それが素直な気持ちだった。拒絶したいというわけではないし、だからといってウェルカムな気持ちにもなれない。

美穂子さんは、そんな私の気持ちをわかってくれていたのか、無理にコミュニケーションをしようとはしなかった。その代わりに、美穂子さんが撮ってきた、いろんなボランティア現場の写真を見せてくれた。

どの写真も、いろんな人たちが一生懸命誰かのために何かをしたり、抱きしめ合いながら涙したり、飛び切りの笑顔を向けたりしている姿が写っていた。

「……素敵……みんないい顔」

思わず私はそう口に出した。

「ありがとう」

美穂子さんは、そう言ってうれしそうな顔をした。この人悪い人じゃない。うまく言えないけれど、美穂子さんの撮ってきた写真や、私にありがとうって言うときの素直な顔を見たら、きっといい人なんだという気がした。

だから余計につらかった。

もし、震災のことも何もなくて、ふつうに美穂子さんと知り合ったのなら、私も妹みたいに「美穂子おねえちゃん」って呼ぶこともできたかもしれないのに。

2013年　4月

それから美穂子さんは、ちょくちょく家にもやってくるようになった。歳の離れた妹は甘えられる相手が増えたのが単純にうれしいのか、美穂子さんにくっついている。

一緒にご飯を食べたり、買い物にも行ったり、なんでもない話をして笑いが起こったりする時間はしばらくなかったことだった。美穂子さんは、自分からあれこれ言う人ではなく、みんなの（といっても主に父と妹の話だ）しゃべることを一生懸命聞いてくれることがほとんど。

ただそれだけのことなのに、そういう人が身近にいるだけでこんなに家の中の空気が違うんだってあらためて気づいた。

お母さんがいた頃は、そういうことが当たり前すぎてなんとも思わなかったのかもしれない。いつだって、お母さんがいる場所では家族の誰もが自然に話し始めることができた。

お母さんが旅立ってしまってからは、父も妹も私も、みんながそれぞれ何か伝えたいことがあるはずなのに、聞いてほしいことがあるはずなのに、それをうまく口に出せない時間が続いてしまっていたのだ。


家族ってなんだろう？

私は、これまで考えたこともなかった疑問のような難しい問いのようなものが頭に浮かんでいた。

自分が物ごころついたときから当たり前のように自分のまわりにあって、いつでも手を伸ばせば触れることができて、そこにいられれば安心できて、ときどきちょっと面倒なこともあったりする。それが家族なんだろうな。

だけど、私たちは震災があったり母が亡くなってしまったことで、それまで手を伸ばせば触れられた「家族」の大切な何かが、どこかに消えてしまった。

今の私がいる環境はどうなんだろう。

美穂子さんが私たちの中に入ってきてくれたことで、なんだか久しぶりに温かい気持ちになれたのは本当。

避難所や新しい環境で「親切にしてくれる」人はたくさんいたし、そういう人に感謝もしてるけれど、だけどそれはみんなに平等に分け与えなきゃいけないもので、自分だけの安心できる温もりじゃない。

変な言い方かもしれないけれど、電車やバスの暖房の暖かさと、家族で囲むこたつの温もりは違う。

私が、美穂子さんといるときに感じるようになったみんなの温もりは、そんな親密な温かさだった。じゃあ、それは「家族」の温もりなんだろうか。

父や妹も、明らかにそれまでより元気になった。美穂子さんの飾らない人柄や、さりげないやさしさが、震災以来、家族の中にぽっかり開いて広がっていたものを少しずつ埋めて縮めていってくれたのかもしれない。

私も、母が旅立ってからほとんど自分の世界に閉じこもってきたけれど「家族」の中なら、自分の世界から出て行ってもいい気持ちになってきたのは事実だった。

いろんなものが変わっていく悲しさや寂しさ、その変化の先に見えそうな新しい希望のようなもの。いろんなものが混ざりすぎていて、その複雑さから走って逃げたくもなる。

だけど、私はいろんなものを背負って一生懸命働いている父や、いつも受け止めてくれている祖父母を悲しませたくなくて「もう大丈夫」という顔をするように自分で自分を変えていったのだ。

そうして私たちは美穂子さんと「新しい家族」としての日々を過ごし始めた。

妹は、いつの間にか、とても自然に美穂子さんのことを「お母さん」と呼ぶようになっていた。そんなある日。

何気なくみんなで観ていたテレビでディズニーランドの特集が流れていた。画面の向こうからディズニーの、あの幸せそうなテンションの高い空気が漏《も》れ出してくるようだった。

「そうだ、しばらくずっと旅行なんてしてなかったから、今度ディズニーランドに行こうか」

不意に、父がみんなの顔を見渡すように言った。思いがけない父の言葉に妹は歓声をあげて喜んだけれど、私はその瞬間、小さい頃に初めて家族みんなで行ったディズニーランドの映像がフラッシュバックし、なぜだか無性に悲しくなった。

「私、行かない！」

そう言って泣きながら自分の部屋に閉じこもったのだ。自分でも、どうしてそんなふうに悲しい感情が爆発したのかわからなかった。ただ、亡くなった母との思い出が消えてしまいそうで、それが怖かったのだ。

（お母さん……）

私は、久しぶりにお母さんと口に出して泣いた。どうしようもなく涙がこぼれてきた。泣きながら、幼いあの日の記憶を懸命に辿《たど》っていった。

初めてのディズニーなのに、まるで自分がガイドになったみたいに、先へ先へと行こうとする私。そんな私に引っ張られて、でもギュッと握ってくれていた母の手。

まだ幼かった私の目に飛び込んできた、ショーやパレードで踊るダンサーさんの弾けるような姿。そこから動けずに立ち尽くしていたこと。

いろんな光景が思い出されてきて、私はその渦《うず》の中に引きずり込まれていきそうになる。あんなに楽しかった時間が、どうして遠くにいっちゃったんだろう。どうして、突然終わっちゃうんだろう。どうして……。

母が旅立ってから今までこらえてきたものが決壊したみたいに、声にならない感情が私を押し流そうとしていた。お母さんに会いたい……。私はぐしゃぐしゃになった

顔をパーカーの袖でぬぐいながらスマートフォンでディズニーランドのページを開いた。

画面を見ていると、ディズニーランドに行けば母との思い出のかけらがまだそこにはあるような気がしてくる。私は、何かにすがるように考えた。自分ひとりでディズニーランドに行ってみよう、と。

次の日。祖父母や親戚からもらって大事にとっておいたお年玉を手に、スマートフォンでバスの乗り方と時間を調べ、初めてひとりで舞浜に向かった。

春休みの後半ということもあって、バスもそこそこ混んでいたけれどギリギリ予約して乗ることができた。生まれて初めて遠い距離をひとりで乗り物に乗って移動しているというのに、なんだかそれが現実のような現実ではないような感じ。

バスの車窓を流れ去る景色は、晴れているけれど霞《かす》んで見える。このままずっと乗っていたら、時間まで引き戻されていくような気がした。

お昼過ぎに東京駅に着いた。ここから京葉線という電車に乗って舞浜駅まで行くことはわかっていたけれど、駅が複雑すぎて本当に乗れるのかなと心配になる。すると京葉線という表示が見える方向にディズニーグッズをいっぱいカバンやリュックにつけた子たちの流れがあったので、その流れに自分も混じって歩いて行ったらホームに辿り着けた。

小さい頃に家族で来たときは車だったので、舞浜駅に降り立つのは初めて。最初はディズニーランドに入るつもりだったけれど、ふと気が変わって、乗ったことのないディズニーリゾートラインに乗ってディズニーシーに向かってみたくなった。

もしかしたら、ランドに入って家族も誰もいない自分ひとりだけのパークを実感することが怖かったのかもしれない。それなら家族とでも来たことのないシーに入ったほうがいい。

当日券も無事に買えて初めて目にするディズニーシーは、テレビやガイドブックを通して想像していたよりもすごくて、本当に外国の風景みたいだった。大きくて豪華な客船S.S.コロンビア号やそびえ立つプロメテウス火山。

ランドとはまた違った感じの旅が始まる。そんなふしぎな空気が漂ってきて、来てよかったと思った。今だけは、いろんなことを忘れられそう。そんな気がしたのだ。

まだ風はちょっぴり冷たかったけれど、春の日差しの中でアクアトピアに乗ってキラキラ光る水しぶきの中を回ったり、陽気な漕ぎ手のお兄さんたちの姿に誘われて、ヴェネツィアン・ゴンドラに揺られて運河を旅したりすると、少し楽しい気分になれた。

メディテレーニアンハーバーという名前の港に戻ってくると、半月状になった広場でたくさんの人が何か始まるのを待っている。私もその隅っこに加わってみた。

ＤＪ風のお兄さんの英語アナウンスが響いたかと思うと、ショーが始まった。

「ボンジョルノ!!」

ミッキーやミニー、チップとデール、グーフィー、それに大好きなダッフィーたちまでが春をお祝いするお祭りをしている。その中で踊る主役クラスのひとりの女性ダンサーさんの笑顔に私は目を奪われてしまった。

ずっと昔、まだ私が小さかった頃、こんなふうに踊るダンサーさんの姿を観たことがある。それはテレビの中だったのか、それとも家族と一緒に来たディズニーランドでのことだったのか正確には思い出せない。

いや、違う。

それは、母の前で「ひとりディズニーショー」をして踊っていたときに私が想像していた姿だ。いつか自分が大きくなってディズニーで踊れるようになったら、きっとこんなふうにお母さんに観てもらうんだと想っていたダンサーさんの姿にそっくりだったのだ。

ショーの踊りを観ていると、だんだん目の前のダンサーさんの姿と、記憶の中のあの日、幼い私が想像していたダンサーになった自分が重なり合ってくる。私の横にはお母さんがいて、「すごいね、明日香もこんなふうに踊りたいね」と語りかけてくれているような気がした。

女性ダンサーさんは音楽を身にまとい、風や光と一つになって踊っていた。

観ているひとりひとりの命に元気の火種を投げ込んでいくような、全身からほとばしるエネルギーに打たれ、私はその場を動けなかった。

（私も、こんなふうに踊りたかったんじゃないの？）

自分の中でもうひとりの私が言った。そうだった。私、何を忘れてたんだろう。お母さんに見せてあげるって約束したじゃない。自分をいつまでも閉じ込めていちゃダメだ。お母さんに見せられるようにならなきゃ。

そうだ！と思ってスマートフォンを取り出し、ズームをＭＡＸにして踊り終わって静止したダンサーさんのきれいな横顔を写真に撮った。

ショーが終わって、ゲストが口々に「よかった！」「楽しかったねー」とにぎやかに話しているのを横目に、私はひとり泣いていた。やらなきゃ、という決意の涙でもあったし、久しぶりにお母さんを近くに感じられたうれし涙でもあった。

涙をぬぐいながら時計を見ると、もうそろそろ帰らないといけない時間。ここで余《よ》韻《いん》に浸っていると最終のバスに間に合わない。

でも、このまま帰ってしまったらまたダメな自分に戻ってしまいそうな気がして、ふと目についたディズニーの人らしいジャケット姿の男性に思い切ってたずねてみたのだった。

「ディズニーのダンサーさんって、どうしたらなれるんですか？」と。

＊＊＊＊＊

「――雪菜《ゆきな》さん、ゲストの方から手紙が届いてるよ」

出番が終わった私にゲストリレーションの部署を通して、何通かのゲストからのファンレターが届いた。中にはプロのようにうまく表情を切り取って写してくれた写真を何枚も同封して応援してくれる人もいる。

私のようにディズニーでショーやパレードに出演して踊っているダンサーにとって、こうやってゲストの方から直接、手紙などで〝声援〟をもらえるのはとってもうれしいことなのだ。

私も、いつもいただいた手紙や写真を見て、たくさんの励《はげ》ましや言葉にならないぐらいの勇気をもらっている。

その日も、いくつかの手紙をもらった中で、中学生ぐらいの女の子の文字で書かれた一通の手紙が気になった。

「ダンサーさんの名前がわからないので、そのとき撮った写真も一緒に送ります。このお姉さんに届けてください」というメモ書きもついた手紙だ。

《私もダンサーの夢、がんばれそうな気がしてきました。お姉さん、ありがとう！

今度は新しい家族と来られたらいいな。わかんないけど。

でも、そうなれるようにがんばる！

だからお姉さんもずっとずっと踊っててほしい。お願い！　明日香》

私もダンサーの
がんばれそ

新しい家族……。

ふと私は、自分と自分の家族のことを思い返した。実家のある長崎を出てディズニーのダンサーになって2年目。

じつは、もともと私はミュージカル女優を志望してきた。ディズニーのエンターテイナーオーディションと並行して、ある劇団のオーディションを受け続けてきたけれど、その狭き門はなかなか突破できずディズニーがプロとしての最初の舞台だった。

家族は、そんな私のミュージカル女優志望の夢を知っていたけれど、ディズニーのエンターテイナーオーディションに受かったことも素直に喜んでくれていた。

とくに母は「雪菜、ほんとにすごいね！　よかったね！」と自分のことのように少し涙しながら喜んでくれた。もちろん、うれしかったけれど、胸の内ではもうひとりの複雑な思いを抱えている自分もいたのだ。

なぜなら——。

2007年　3月

思い起こせば、私が歌や踊りの世界に惹かれたのは、小さい頃に父に連れられて行ったミュージカルの舞台を観て、子どもながらに「こんな世界があるんだ！」と衝撃を受けて、なぜだか涙が止まらないぐらい心を動かされたのがきっかけだった。

そして「いつか自分もこんなふうに目の前の人を感動させられるようになりたい」と思ったのだ。

そんな原点があるのに、私は中学でも高校でも部活は真っ黒に日焼けしながらテニスをやり、舞台女優は「夢」のままで実際のレッスンは受けたことすらなかった。

母からも「本気でミュージカル女優を目指すのなら、今のうちから何かレッスンを始めたらいいんじゃない？」と言われたけれど、私は「まだ大丈夫」「なるときはなるから」と、とくに根拠なく自分の将来を信じていたのだ。

そんな私が高校を卒業したあとの進路を決めることになり、ようやく自分の夢と向き合うときがきた。

「小さい頃からの夢であるミュージカル女優に絶対なります！」

卒業式会場になった高校の体育館がざわついたのを今でも覚えている。

なにしろ私は、卒業生代表スピーチで自分の小さい頃からの「夢」を堂々と在校生や卒業生とその保護者の方々、先生方が見つめる前で宣言したのだ。

そんなことをした生徒はそれまでいなかったらしい。ごく親しい友達には私の昔からの本当の夢を話していたけれど、ほとんどの同級生は「えっ!?」という感じだったと思う。まさか、あの真っ黒に日焼けした雪菜がそんな夢を抱いてたなんて、と。

同級生たちのほとんどが進学や就職をする中で、私だけがこの先どうなるかもわからない道に踏み出した。地元の長崎を出て、歌やダンス、ミュージカルが学べる福岡の専門学校に進学。

ふつうは、中学や高校、いやもっと小さい頃からそういったレッスンをやってきた子たちがプロを目指して学びに行くような場に、私はゼロから飛び込む。

小さい頃からバレエやダンスを習っている子と比べると、とても遅い夢へのスタートだったのである。

夢に踏み出す一歩が、なぜ遅くなったのかは自分ではわからない。

私は小さい頃に母親を病気で亡くして、しばらくは父と祖母の3人で暮らしてきた。父は魚の加工会社を経営し、母親の分まで愛情をいっぱい注いで育ててくれた。

小学生のときに父は再婚し、新しく家族になったお母さんも私を心の底から自分の子どもとして想いを持って育ててくれた。とてもきれいでやさしい心を持った人で、私にとっては立派な姉を持ったような気持ちだった。

父も母も「お母さん」と呼んでもらいたいんだろうなということはわかっていたけれど、どこか恥ずかしくてできなかった。「ねえ、お姉ちゃん」と呼ぶことが当たり前になり、いつかちゃんと「お母さん」と呼ばなくちゃと思いながら、それができずにいたのだった。

高校を卒業して実家を出てしまったことで、余計に「お母さん」と呼べる機会が遠くなったけれど、それでも母は、独り暮らしを始めた私のことをいつも気にかけ、手紙と共に、いろんなものを実家から送ってくれていた。

《雪菜、応援してるから！　がんばってね。でも、しんどいときはいつでもちょっと息抜きしにこっちに帰って来てね。　お姉ちゃんより》

本当は「お母さんより」と書こうとしたのかもしれない。だけど、私が「お姉ちゃん」と呼んでいるのに合わせてくれているのもわかった。

そんなふうに気を遣わせてしまっている自分が嫌だったけれど、どうしてもまだ「お母さん」と呼べない自分がいた。きっと、自分のことに精一杯だったのだと思う。

正直、あんなに自分の夢に向かって進むだけと思って福岡に出てきたけれど、最初はちょっと不安にもなった。なぜなら、まわりの子たちはみんな小さい頃からバレエやダンスレッスンをやってきた子ばかりだったから。

ちょっとした課題をこなすことひとつとっても、私とまわりの子たちではのみ込むスピードや上達度合が違うのだ。

それでも専門学校の先生は、意外にあっさりこんなふうに言ってくれた。

「経験なんて関係ないよ。今は差があるように思うかもしれないけど、そう感じる子ほどがんばれるから。2年後には同じラインに立ってるか、むしろその子たちよりもっと上に行ってることだってある」

いろんな生徒を見てきた先生からすれば、昔からやってきた子が必ずプロになってるわけではないらしい。それなら自分もできるかもと思って、私は学校で与えられた課題は絶対にクリアするように何時間でも向き合うようになった。

真剣にがんばり始めると、何かに挑戦したくなる。昔から私はそうだった。そこで2年生になったら専門学校の生徒が制作も出演も全部自分たちで行うオリジナルのミュージカルで主役をやる！　と決めた。

無謀なのはわかってる。生徒が出演するといっても、きちんとした劇場で観劇料をいただいて一般の観客にも観てもらう舞台なのだ。そこに、これまで経験もない自分がいきなり主役で立てるなんてあり得ない。

それでも必死で自分を追い込み、学内のオーディションでも最終候補者の中に入ることができたのだ。けれど、最後の最後、あと一歩のところで私は及ばなかった。先生たちもかなり議論をしたらしい。

「このミュージカルに向けていちばん成長したのは雪菜だった」と、ある先生は言ってくれた。

自分でも、絶対に主役をやるんだという想いは誰にも負けてなかったと思う。でも、ちゃんとお金をいただいて観てもらう舞台に立つ以上、主役のヒロインは想いだけでなく技術も存在感も、すべてがそろってなければそこにいられない。

想いだけでは観客に届けられないものがある。それがプロの世界なんだ。そんな厳しさを思い知らされた。くちびるを噛むほど悔しかった。

父や母にも私の挑戦を話していたので、結果を気にしてくれていたのだと思う。スマートフォンに何度かメッセージや着信があったけれど、私は「なんで…もっとできたはずなのに」と自分を責めるのに精一杯で、父や母と向き合う余裕がなかった。

心配性の母が、何度目かの電話をくれたときに、ようやく私は「主役、ダメだった」と報告すると自分のことのように残念がってくれた。父は「あと一歩だな」と言い、母は「でも雪菜ならできるから、また次がんばって」と言った。

（次？　プロの世界だったら次なんてあるかどうかもわからないのに……）

ふと私は、悔しさのような先の見えない怖さのような、どうしようもない気持ちに襲われて、母につい怒ったような声を出してしまった。

「そ、そんなに簡単に次って言わないでよ！」

「え、雪菜……」

「自分のことじゃないから、そんなふうに簡単に『雪菜ならできる』って言えるんでしょ！　私のことなんてわからないのに、もうやめて！」

「……」

言った瞬間から後悔するのがわかっていて、自分で自分の口じゃないみたいに、自分をコントロールできないままひどい言葉を投げつけてしまった。

スマートフォンを持つ自分の手が凍《こお》りついたように動かなくなったのがわかった。

「……ごめん…なさい」

消えそうな声でそれだけ絞り出すように言うと、私は電話を切ってベッドに突っ伏した。

＊＊＊＊＊

自分の実力不足で主役に手が届かなかった悔しさと、そのことでいつも私を気にかけてくれている母にまで言ってはいけないことを言ってしまった後悔で、私は胸が張り裂けそうだった。

でも、母は後日、私宛のメッセージでこんな言葉をかけてくれた。

《雪菜、私のほうこそごめんなさい。どんなに大変な想いをしてレッスンしてるのか、わからないのに簡単に言ってしまって。

でもね、これだけは伝えたい。お姉ちゃんは雪菜のことが大好きだし、とっても大切だから。

いつもあなたのこと信じてます。　お姉ちゃんより》

何度も何度もそのメッセージを読み返し、私は泣いた。でも、まだうまく伝えられる自信がなくて

《ありがとう！　私のほうこそごめんなさい。でも本当に元気出たよ(^^)/》

と短いメッセージを返した。

専門学校を卒業してからは、カフェでアルバイトをしながら専門学校のときの先生が所属しているスタジオでレッスンを受けさせてもらい、夢だった劇団のオーディションにも挑戦し続けた。

オーディションといっても、その場に立つ緊張感に勝つことや、そのときに自分の出せるものを出し切れる力をつけることは1回だけでは身につかない。そこで私は、オーディション慣れするためにも、劇団だけでなくディズニーのエンターテイナー募集オーディションも受けることにしたのだ。

1年目のチャレンジは劇団のオーディションを書類選考で落とされ、ディズニーはなぜか書類審査、1次審査のダンスも通過したけれど2次のダンス審査でダメだった。

ディズニーの1次審査は体育館のような場所で何千人もが次々と受けていくのだけれど、2次は実際のパークのリハーサルルームで現役ダンサーたちに混じって踊れないといけない。

さすがに1回では難しかったのが自分でもわかった。

2年目のチャレンジも劇団の書類審査は通らず、ディズニーは今度は2次審査もパスして最終の面接がダメだった。その理由もわかっている。本当は自分はミュージカル女優になりたくて、そのために劇団のオーディションに受かりたかった。どうしてもディズニーで踊りたいという強い想いが伝わっていなかったからだ。

3年目。今度はオーディションの書類をつくるのも自己流をやめて、スタジオの先生にもアドバイスをもらったところ、初めて劇団の書類審査が通り、オーディションを受けられることになった。

踊りたくなるような気持ちで、ディズニーのオーディションを受けに行ったからだろうか。それまで「経験のためにお邪魔させてもらっている」という感覚だったものが、自分のダンスを見てもらいたいという強い気持ちをステージで出すことができ、初めて最終面接も通って合格してしまったのだ。

私は「よし！」と思った。これなら自信を持って劇団のオーディションを受けられる。

劇団のオーディションは2日間の期間の途中でもダメなら帰されてしまう厳しさ。私は、もうこれが最後のチャンスだと思って全力でいった。おかげで予選も通過し、本選でも最後の集団に残ることができた。

それなのに……。最終の演技審査のときに私は自分でも「どうした？」と思うぐらい緊張してしまったのだ。劇団に入りたいという想いが強すぎて、自分で自分を縛りつけてしまったみたいだった。

自分ではよかれと思って強く想いを持っていても、それを相手に受け取ってもらうためには、相手が受け取りやすいものにして渡さないといけない。そんな大事なことが、そのときの私にはわかっていなかったのだろう。

このとき私はもう24歳になろうとしていた。

世の中的には23歳や24歳なんて、まだまだひよっこかもしれない。だけどダンスの世界では10代の若い子たちも次々と入ってくる。24歳でのデビューは決して若くはない。ここでデビューできなければ、もっとプロの世界が遠のいてしまう。

私は決断を迫られていた。

ディズニーで踊ることは「エンターテインメント」としてゲストを喜ばせる要素が強く求められる。ダンスの技術だけでなく、ゲストに幸せな気持ちを呼び起こさせる笑顔やもてなしの要素も必要だ。

それに室内の舞台と違って、少々天気が良くない日の屋外でも踊らないといけない。

体を張ってやる仕事だけにスタジオの先輩や先生には「ミュージカル女優になるという本当の夢が遠くなるかもしれないよ」と言われたが、できるだけ早くプロとしてのデビューをしたいという想いが強く、ディズニーで踊ることを決断したのだった。

それでもお世話になったスタジオの先生からは「プロになったからといって、思い上がったらダメだよ。まだまだそこからいろんなものを磨くつもりで行きなさい。いろんなことを経験だと思ってやってきなさい」と言ってもらえたのは、とてもうれしくありがたかった。

―― ディズニーダンサーデビュー ――

2012年　4月

もしも昔からディズニーで踊ることを夢見てきたとしたら、本当に「夢の国」の一員に自分が入ることを許されるのだから、素晴らしい気持ちでデビューできたんだろうと思う。

でも、私にとってディズニーでのプロ1年目は、ただただ苦しかった。

ダンサーとしてプロデビューを選んだものの、本当に自分がやりたいことはミュージカルの舞台ではないのか。ディズニーで踊れば踊るほど、そんな葛藤《かっとう》が湧き起こる。

やっぱり、自分はここにいるべきじゃない。1年で辞めよう。そんな想いを抱えながら、それでもゲストの前で踊るときだけは、そんなことも何もかも忘れて笑顔を届けた。

それしか自分にできることはないんだと思っていた。

そんなあるときのこと。いつものようにパレードで踊っていると、ふと遠くにいる家族連れのゲストの姿が目に入った。

お父さんが小さな女の子を抱っこして、少しでもパレードがよく見えるように腕を伸ばして抱き上げている。女の子はまるで自分の目の前に自分だけの夢物語が映し出されているかのように瞳をキラキラさせながら見ている。

その様子を見て、隣にいるお母さんとお父さんが目を合わせて微笑む。パークではよく見かけるなんでもない光景。それなのに、私は自分までもがその家族の幸せなキラキラの一部になったような気がした。自分がその女の子になっていて、その女の子のほうから自分が踊っているのを観ているようなふしぎな感じ。

「ああ、自分はこんな人たちの幸せな時間の一部になれているんだ」

そう思うとパレード中なのに不意にうれし涙がこみあげてきたのだ。

その日以来、私の中にわだかまりのように残っていた「自分の場所じゃない感じ」が、ふしぎにスーッと消えて、「ここは自分の場所なんだ」と自然に思えるようになっていった。

もちろん、自分の夢は消えたわけじゃない。でも、夢を追うことだけでなく、目の前のゲストの心にキラキラの明かりを灯《とも》すことも自分にとって大切な喜びになったのである。

＊＊＊＊＊

自分の気持ちひとつで世界は変わる。

目の前のゲストの幸せな時間の一部に自分がなれるんだ。ディズニーでのダンサー1年目の終わりにそのことに気づき、モヤモヤした気持ちが消えてからは、それまで見えていなかったものが見えるようになった。

先輩ダンサーたちのステージショーを観ても、技術だけでなく、ゲストに届けよう、伝えようという気持ちの大きさ深さが、まだまだ自分は全然及んでいないことも見えてきた。

そのときに感じたのは「悔しさ」や「自分の目指しているものとは違う」というネガティブな感情ではなく、「自分も、もっとできるんだ」というとてもポジティブな感情だった。

そんな素直な気持ちに従って、ゲストにもっと届けようと思いながらショーやパレードで踊ると、ゲストとの距離がそれまでよりももっと近づくのがわかるのだ。

私が、こみあげてくるうれしさを顔に出すとゲストもまた笑顔で応えてくれる。小さな可愛いゲストと目が合うとそれだけでお互いに、その日一日がハッピーな空気に包まれるような気さえする。

まるで魔法使い。だって、自分がハッピーにしたいと思った相手をそのとおり笑顔にできるのだから。

そうやってゲストの前で踊ることが喜びになってくると、自分では思ってもみなかったようなショーの主役級の役をキャスティングされるようにもなっていったのだ。あっという間の1年だったけれど、このまま辞めてしまうのは納得がいかない。

素直にそう思える自分がいた。なにより、せっかくディズニーという、世界でもここにしかないものがあるステージを与えてもらっているのに悔いが残る。それだけは絶対に嫌だった。

それに、こんな私のことを応援してくれるファンのゲストができたのも心強かった。真夏の太陽の下でも、海風で身が引き締まるような冬の日でも、私たちの出番のために何時間も前から自分にベストな場所で観るために待っていてくれる。

私を応援してくれるゲストに喜んでもらうには、まだ全然自分の技術も想いも時間も何もかもが足りない。

《私もダンサーの夢、がんばれそうな気がしてきました。お姉さん、ありがとう！

今度は新しい家族と来られたらいいな――》

ダンサー志望の明日香という女の子から、そんな手紙をもらったのも、ちょうどその頃だった。

パーク内のメールボックスから出されたものらしく、住所などは記されていなかったけれど、手紙に書かれていた「今度は新しい家族と来られたらいいな」というくだりがなぜか気になった。

明日香という女の子は、家族を一度失ってしまったのだろうか。でも、自分が踊る姿を見て、自分もダンサーの夢をがんばれそうな気がしたと書いてくれている。もしそうなら、きっとまたどこかで会える。私は、なぜだかそう思った。

2013年　6月

この年は東京ディズニーリゾートにとって特別な1年だった。

開業30周年の記念の年だからだ。そこで全国30都市のお祭りを巡る「東京ディズニーリゾート30周年ザ・ハピネス・ツアー」が開催されることになり、私もそのツアーメンバーとして各地のお祭りの中に入って、パレードをしながら踊ることになったのだ。

6月には第二回ふくしまフェスティバルin 郡山で福島県の郡山に向かった。

そこではマイクを使ったMCパフォーマンスも任せてもらえた。ドリームクルーザーと名付けられた特製パレードカーを先頭に、ミッキーやミニー、ドナルドたちと共にダンサーが街に現れると、沿道に集まった人たちから悲鳴のような歓声が沸き上がった。

よく見ると、みんな手を振りながら涙ぐんでいる。握手をすると、その手をギュッと握って離そうとしない。それほどこの日を待ってくれていたんだと思うと体の芯からありがとうの想いがこみあげてきた。

震災から2年がたったといっても、まだまだいろんな大変さを抱えている人は少なくない。ふとしたときにどうしようもなく落ち込み、何かに癒されたい気持ちになることもある。それでも、この日、この瞬間だけはその場に集まった誰もが、同じハピネスに包まれていることを実感できたのだ。

自分たちダンサーにとっても、通常のパークでの出番やリハーサルに加えて全国ツ

アーにも出ることは大変だったが、それ以上にツアーで出会う人たちの喜びが伝わってくることのほうが大きかった。

郡山のツアーから戻った1週間後。

私宛にまた手紙が届く。それは明日香からだった。

《ダンサーのお姉さんへ

本当は、初めてお姉さんに手紙を出したあのとき、家族で来るはずのディズニーに私ひとりで来ちゃったんです。

じつは私の本当のお母さんは、慢性骨髄性白血病を患っていて、震災のときのショックや疲労が重なって天国に旅立ってしまいました。

私がいつかダンサーになって、ディズニーのパレードで踊るのをお母さんと約束してたのに――》

明日香からの手紙は、きっとそれまで他の人には言えなかったんだと思うことを一生懸命、私に伝えてくれようとしていた。

家族に内緒でひとりでディズニーシーに来て、私の出ているステージショーを観て、お母さんとの約束を果たすために、もう1回ちゃんとがんばってみようと思ったんだと明日香は教えてくれた。

そして、家族として暮らすことになった美穂子さんを郡山でのパレードに誘い、私がMCパフォーマンスもしながら踊っているのを見て「あのお姉さんだ！」とびっくりしたという。

そのとき、明日香は初めて美穂子さんに自分の幼い頃からのディズニーダンサーの夢を話した。美穂子さんは、明日香がデビューしたら最高の一枚を撮ってあげるって言ってくれたそうだ。

「そんなふうになれたのもお姉さんのおかげ。今度の夏休みに念願かなって家族でディズニーに行くからね！」といったことなどが書かれていた。

明日香は郡山の子だったんだ！　郡山でのパレードを観に来てくれていたんだ！

手紙を読みながら涙があふれてきた。

私はなんにもしていない。ただ明日香やいろんなゲストの人たちの前で、みんなのハピネスの一部になれたらと思って踊っただけ。

それなのに、自分の大切な喜びを伝えてもらえるなんて。そう思ったら泣けてきた。

ミュージカル女優になるという自分の夢はまだ夢のまま。だけど、こんなふうに自分が誰かの幸せをつくる一部になれているんだとダイレクトに実感できるなんて、どんな夢より夢みたいだと思った。

どんな家族であっても、そこに愛があればそれほど強くて大切で大事なものなんて他にはないんだ。このディズニーという世界が、そして明日香が私にそう教えてくれたような気がした。


『大切なのは家族。家族を一つにすることが、私たちの願いだ』

ウォルト・ディズニー

私は明日香に、心からのありがとうを伝えたくて、マネージャーのひとりから教えてもらったウォルト・ディズニーの言葉を思い出しながら返事を書いた。

書き終えると、不意に私は自分の「お母さん」の声が聞きたくなった。

いつもはメッセージのやりとりが多いスマートフォンに手を伸ばし、母の番号に発信ボタンを押す。

「もしもし……お母さん」

「……雪菜？」

初めて自分の口から出た「お母さん」という言葉。

スマートフォンを持つ手に温かいものがこぼれ落ち、お母さんが「もう、雪菜びっくりさせないでよ！」と言いながら泣いているのがわかった。

―― 1か月後 ――

その日も僕は、仕事の合間に夏休みの学生や家族連れのゲストでにぎわうディズニーシーにいた。

さすがに、まばゆい夏の太陽の下をジャケット姿で歩くのは暑く、ジャケットを片手にポロシャツ一枚の気楽な格好でパークを歩いていた。

港町の建物を横目にキラキラと光るシーの水面を見ていると、それだけでどこかゆったりとした気分になれるからふしぎだ。

この時期だけの〝散水ショー〟が夏空に虹のカーテンを描き、あちこちで楽し気な悲鳴混じりの歓声があがる。そんな中に、見覚えのある女の子の姿があった。どうやらショーの案内をするゲストコントロールキャストに何か質問をしているみたいだ。

(あの子、以前、僕にディズニーダンサーのことをたずねてきた、明日香っていう子

じゃなかったかな)

時おり降ってくる水しぶきをジャケットでしのぎながら、女の子のところに近づいてみると、どうやら家族と一緒のようだ。

ここで僕が「この前の……」と声をかけても、家族はいぶかしがるかもしれない。そう思って、声をかけるのを思いとどまった。

「ありがとうございます！」ゲストコントロールキャストにペコリと頭を下げてお礼を言うと、明日香は一層笑顔を輝かせた。

「ねえ、美穂子さん、見て見て！　あのダンサーさん。雪菜さんっていうんだ。私が目標にしてる人。すごくない？」

明日香は水しぶきの中でダイナミックに踊る女性ダンサーを指差している。

「すごーい！」

「雪菜さんと、私、約束したんだ」

「えっ？　何を？」

明日香の母親らしい女性が、歓声と水しぶきで聞き取りにくい会話に一生懸命、耳を傾けている。

「お……」

「……え、聞こえない…」

「いつか美穂子さ……じゃなくてお母さんに、私のダンサー姿をディズニーで観てもらうんだって。だから、応援してね、お母さん」

お母さんと呼ばれた女性がびっくりしたみたいに口元を両手で覆《おお》った。その瞳に、みるみる涙があふれ、水しぶきと一緒に反射しながらショーの様子を映し出している。

「……明日香」

そう言って涙をぬぐうと、キラキラとした光がパークに飛び散り、ふたりの前で踊っている雪菜の瞳にも同じように光るものが映し出された。


【第1話おわり】

第2話

ティンカーベルの名刺入れ

２０１４年　７月

ディズニーランドやディズニーシーという言葉を見聞きしただけで、まずなにより人々の屈託のない笑顔、楽し気なおしゃべり、どこからともなく湧き起こる歓声が思い浮かんでくるという人は少なくない。

それだけゲストがその瞬間を楽しんでいるということだろう。そうして満ち足りた気分と、まだもうちょっと楽しみたいような少しばかりの寂しさを隣り合わせにして、それぞれの家路につく。

つまり、ゲストはその日一日をディズニーの世界で過ごせたことに満足しているのだ。だからこそ、また幸せな時間を味わいたくて、ディズニーリゾートにリピートしてくる。

そうしたディズニーの「顧客満足（CS＝Customer Satisfaction）」がどこから生まれてくるのか。どうすればディズニーのように、大勢のゲストをファンにすることができるのか。

僕は少しでもヒントになればと、全国を回りながらいろんな企業や団体にディズニーで学び実践した「顧客満足（CS）」向上の講演やセミナーをさせてもらっている。

ときには講演のあとに立食形式での食事をしながら、参加者との交流会が行われることもある。講演の主催者がケータリング（出張調理）でシェフを招き、その場で温かい料理を楽しみながら話が弾むようにという心配りをしてくれるのだ。

その日も僕は、ある企業が主催した講演のあとの立食パーティーでさまざまな人との交流を楽しんでいた。すると、ケータリングで料理の腕をふるってくれたシェフが僕のもとにやってきたのだった。

「金田さん、お久しぶりです」

温かい笑顔のシェフの挨拶に僕は一瞬戸惑った。

どこのお店で出会ったのだろう。すぐに思い出せずにいるとシェフの口から出たのは思いがけない言葉だったのである。

「昔のことなので覚えておられないかもしれません。僕、ディズニー時代に、金田さんがつくられた最初のファイブスター・プログラムでファイブスターカードをいただいた内田晃弘《あきひろ》です」

そう言って、シェフがコックコートの下のポケットから取り出したのは、懐かしいティンカーベルのイラストが刻まれた特別な名刺入れ。彼は、この名刺入れをいつも肌身離さず持ち歩いているのだという。

「……！」

FIVESTARS

「思い出していただけました？」

そう、それは紛れもなく僕がユニバーシティの教育マネージャー時代に苦心してつくったファイブスター・プログラムから生まれたもの。素晴らしい行動をしたキャストを称えるために上司から手渡される「ファイブスターカード」を5枚貯めた人だけが交換できる非売品の記念品だ。

ディズニーではゲストにハピネス（幸福感）を届けるために、すべてのキャストが絶対的に大切にしている「ＳＣＳＥ」という行動基準がある。優先度の高い順にSafety（安全）、Courtesy（礼儀正しさ）、Show（ショー）、Efficiency（効率）の頭文字を並べたものだ。

この「ＳＣＳＥ」を身につけ、そのうえでゲストの笑顔のために一生懸命おもてなしをしているキャストに「いいね」を伝えたい。その想いと行動を認めることで、さらにキャストが自分の仕事に誇りを持つことができ、ゲストの笑顔を増やせるようにしたい。

僕たちはそう考えて、今から20年以上も前にファイブスター・プログラムの仕組みをつくった。今でこそ、そんなふうに上司が部下のことを具体的に「ここがよかったよ」と褒めて評価するやり方は珍しくないが、当時の日本では馴染みのない表彰制度だったため、連日議論しながら手探りでかたちにしていったことをよく覚えている。

まさか、こんなかたちで自分が手掛けた記念品と再会するとは。それに、目の前のシェフが元ディズニーキャストだなんて、さすがに想像もしないことだった。

内田シェフの顔をよく見ると、今では手入れされた髭も凛々《りり》しくたくわえられているが、目元にはあの頃の面影がある。

それにしても、なぜこの内田晃弘というシェフは、今ではキャストを卒業して自分で人気レストランも経営しているというのに、20年以上も昔のディズニー時代のティンカーベルの名刺入れを肌身離さず持ち歩いていたのだろうか——。

「お兄ちゃん！　玉子焼き食べたい！」

「お腹空いた～チャーハンつくって！」

「わかった、ちょっと待ってな」

＊

僕は小学生ながら共働きの両親に代わって弟と妹のために、ちょっとした料理をつくることができた。

それは決して親から言われたお手伝い的な嫌なことではなく、僕にとってはむしろプラモデルをつくるのと同じような楽しみだった。自分で材料を集め、どうすれば思ったとおりにおいしくできあがるか。そんなことを考えながらつくったちょっとした料理を弟や妹、ときには両親が喜んでくれるのがなによりうれしかったのだ。

やがて地元千葉の高校を卒業した僕は、自分の料理でもっと人を喜ばせられるようになろうと考え、東京の料理専門学校に進みシェフへの道を目指す。そして念願だったホテルの料理人見習いになるが、現実は厳しかった。

１９９３年　５月

「おい、内田！」

先輩料理人が恐い顔をして僕を呼びつけるのは日常茶飯事。ここでは、先輩の言うことは「絶対」で新人は必ず言うことを聞かないといけない。

「内田、ふきんどこにやったんだ？」

「ふきんですか？　洗って今消毒してます。すみません、すぐ持ってきます」

「なんでわざわざ消毒までするんだよ、まだきれいだろ！　鍋冷ますために下に敷くやつなんだからさ、そんな余計なことしなくていいんだよ」

「いや、だけど……」

「お前、効率って言葉知らないのかよ」

「……」

「いいか内田。ふきんのことだけじゃない。食材の下ごしらえだって、お前は時間かけすぎなんだよ」

「……はい。でも、見栄えの悪い部分がたまにあるんで、そういうのは取り除いたり」

「だから、わかってないな！　少々見栄えが悪くたって、そんなの調理すればわからねえだろ。それに材料が良くなくたって、俺らの責任じゃない。納入業者が悪いんだ。

それより俺らは、できるだけ早く料理を出す。席を回転させる。売り上げを上げる。そこだけ考えてればいいんだよ。じゃなきゃ給料上がらないんだからな！」

効率と利益を求められる調理場での毎日。自分たちがつくった料理で誰かを笑顔にして、そのことで自分たちも仕事の喜びを得るなんて、ここでは「きれいごと」だっ

た。

ホテルでは常にいろんな食のイベントが開催されていて、お客様はたくさん食べに来られる。僕たちは、ただ機械的にひたすら指示された料理をつくり、数をこなしていく。いったい、どんなお客様がどんな表情で料理を召し上がり、どんな時間を過ごしているのかなんてわからないまま仕事をするのだ。

人間って、どんなことにも慣れてしまうものなのだと僕は思った。

いつの間にか僕は、効率と利益を優先して日々の仕事をすることに疑問を感じることもなくなっていった。逆に自分ひとりが余計な別の手間をかけてしまえば、調理場全体の流れを止めてしまうことにもなってしまう。

気がつけば、僕はあとから入ってきた後輩にも、自分が先輩に言われたことと同じことを言うようになった。

後輩が一つひとつの作業を丁寧に時間をかけていると、それを否定して言うのだ。

「早くやらないとダメだ」「そこに時間をかけたってお客さんは増えないんだからな」

と。

おかげで調理場の人間関係はいつも張り詰めた糸のようになっていき、ちょっとでも動きを間違えると、お互いを傷つけ合うようなことも珍しくなかった。

そんな日々の中、僕にとって週に1度の休日だけが心の休まる時間だったのだ。

——　ある日の休日　——

「晃弘君、どうしたの？　疲れてる？」

「そんなことないよ」

「……だって、さっきからずっと難しそうな顔してる」

「してないって！」

「そんな怒らなくたっていいじゃない」

「麻里《まり》がそういうこと言うからだろ！」

その頃、僕には高校時代から付き合っていた麻里という彼女がいた。

麻里は高校卒業後、短大に進学していたが、彼女も食べることが大好きで、僕の休日には授業が終わったあとでふたりでよくいろんなお店を食べ歩いていたのだ。

いつか一人前の料理人になって、僕が腕をふるった料理でもてなしてもらえる日が来ることを麻里も楽しみにしてくれていた。

けれども、そんなふたりの時間は長くは続かなかった。おそらく、自分でも無意識だったのだと思う。ホテルの調理場での仕事で溜まったストレスを、そのときいちばん身近な存在だった彼女にぶつけてしまっていたのだ。

いつしか会うたびに僕と彼女は、ささいなことで言い合ったりすることが増えていった。

彼女も、僕が思っていたものとは違う料理人の世界のギャップに苦しんでいることに、薄々気づいていた。

それでもこう言って応援してくれていたのだ。

「晃弘は間違ってないよ。今はまだ修業中だから無理かもしれないけど、いつか晃弘が目指してるものが間違ってなかったって思えるはずだから」

だけど、その頃の僕には彼女のやさしい言葉も「気休め」にしか聞こえなくなっていた。

「麻里は働いてないからそんなふうに言えるんだよ」

「えっ……」

「仕事なんて所詮《しょせん》、みんなお金のためにやってることなんだ」

「そんなのおかしい」

麻里は、信じられないという顔で僕を見た。きっと、そんな考え方と、そんなことを言う僕という存在の両方に対して「信じられない」という顔をしたのだろう。

僕は自分でも彼女にそんな顔をされてしまったことがショックだったが、そのショックを打ち消すみたいに続けて言った。

「人のためだとか、それがやりがいだとか……言うだけなら簡単だよ。それでどれだけやったって、評価してもらえなかったら意味ないって。先輩や上の人から評価されなかったら、いつまでたっても自分の持ち場なんて任せてもらえないのが料理人の世界なんだよ。麻里はわかんないかもしれないけど」

「もういいよ、晃弘。わかった……」

麻里はそう言って、何かをあきらめたような悲しそうな顔で僕を見た。

その言い合いがあってから僕らはお互いを少しずつ遠くに感じるようになり、いつしか会わないことが当たり前になった。結局、僕と彼女はいろんなものがすれ違ったまま別れてしまったのである。

1993年　9月
彼女とも別れ、仕事は相変わらずいろんなストレスやプレッシャーがある中、僕は自分の体の不調を感じるようになっていった。

時おり、胃がねじられるようなひどい痛みに襲われ、痛みが弱いときも常に吐き気が止まらない。我慢できずに病院で診てもらうと胃潰瘍《いかいよう》だという。自分でも気づかないうちに、効率と数字ばかりで評価される環境や人間関係がストレスになり、胃にダメージを与えてしまっていたのだ。

思い切って上司に相談すると、上司が苦い顔でこう言った。

「――ったく、困るんだよな。ちょっと仕事任せたら胃が痛いとか、なんだとか。ろくにまだ仕事もできねえのに文句だけは一人前なんだからさ」

「いえ、そんな文句を言ってるわけじゃ……」

「じゃ、なにか？　俺らがお前を病気にしたって言いたいのか？」

僕はそれ以上何も言う気がなくなり、休みの許可だけもらって帰り、独り暮らしの部屋で倒れこんだ。

3日ほどして、ようやく少しだけ体調がましになったものの、もうそのときには、たとえ健康状態が回復したとしても同じ環境で働き続ける気持ちがなくなっていた。

こうして仕事も彼女も失った僕は、地元の千葉に戻ることにしたのだ。両親にも相談し、とりあえず体の負担にならないような働き方で仕事復帰をすることを考えた。

そのとき、思い浮かんだのがディズニーランドだったのである。

もともと僕は映画が大好きで、エンターテインメントの空気にあふれた場所なら、これまでみたいに苦しい思いをせずに働けると思ったのだ。とりあえずのつもりだった。

ディズニーランドなら大勢採用しているし、ディズニーで働きたいと考える人たちが集まった職場なら、以前のようなピリピリした人間関係にはならないだろう。それに、親元で暮らす分には時給だって悪くない。与えられた仕事さえこなせば余計なことも言われないはず。

そんなふうに考えていた僕を、ディズニーの面接官の人たちは笑顔で迎えてくれた。

きっと、応募者にいい印象を与えられるように訓練されているんだろう。さすがだなと思ったけれど、これまでそんなふうに温かい気持ちになれる笑顔とは無縁の職場で働いていただけに、どこかホッとさせられたのも事実だ。

そのせいなのか、僕は自分でも意外なほど素直に面接の受け答えをすることができた。おまけに、接客が仕事のフードサービスキャスト志望で、料理専門学校を出てホテルで働いていた経歴もプラスに受け取ってもらえたのか、新人キャストとしてディズニーの仲間入りができることになったのである。

正直に言えば、フードサービスキャストなら採用してもらいやすいだろうという気持ちもあった。それにディズニーランドはいつもゲストがたくさんいる。大勢の人を相手に効率よく仕事をこなすことなら慣れたものだ。

採用が決まると最初にユニバーシティという場所でディズニーの歴史や文化、ディズニーキャストとして働くうえで大事にしなければいけないことなどを教えられた。ディズニーでは、どんな行動もすべては「ゲストのため」という明確な基準があるのだという。

そのオリエンテーションはアルバイトだけでなく、どんな経歴を持つベテランの人でも必ず一緒に受けるものだと知って驚いた。

以前の職場では考えられないことだからだ。新人は黙って先輩の言うとおりにする。いちいち、なぜそうやるのがいいのかなんて聞いても教えてくれないし、逆にそんなことをたずねたら「いいから黙ってやれ！」と怒られるぐらいだ。

そんな世界からすれば、オリエンテーションひとつをとっても、教える側と教えられる側の人間が「共感」できるようにと考えられたディズニーの世界は、まさしく異次元のような気がした。

その後、食堂部というフードサービスキャストが所属する部門での教育を3日間受けたあと、実際の現場でのトレーニングが始まったのだ。

――2週間後――

現場でのトレーニングは先輩のトレーナーキャストとマンツーマンで行われる。

僕の担当をしてくれたのは山口さんという先輩トレーナーだった。実際に僕がキャストとして配属されて働くことになるハンバーガーレストラン「トゥモローランド・テラス」に一緒に立って、実地トレーニングを受けるのである。

覚えるべきことはたくさんあったが、それでもゲストはみんなディズニーランドが大好きで楽しみにきている人たちばかりなのだから、接客といってもそんなに大変なことはないだろうと僕は考えていた。

チェックシートの項目をすべてクリアすれば、トレーナーから離れてキャストとして独り立ちできる。僕は、早くひとりでカウンターに立てるようにがんばった。

「ようこそトゥモローランド・テラスへ！」

カウンターにやってきた学生風の女の子のゲストに声をかける。笑顔も自分ではOKだ。なのに、ゲストは少し困った顔をしている。

僕は、笑顔を崩さないように意識しながらゲストを見つめ「ご注文は？」と続けたのだが、その女の子はそのまま何も注文せずに立ち去ってしまった。

きっとまだ、何を注文したいのか決まってなかったんだろう。そう思ってゲストの背中を見送っていたら、後ろに立っていたトレーナーの山口さんが、サッと女の子に追いついてなにやら話をし始めたのだ。

女の子は山口さんに何かを見せながら説明し、それに対して山口さんはうなずきながら身振り手振りを交えて話をしている。すると、ゲストの表情がパッと明るくなり、ゲストは笑顔で山口さんにお礼を言って違う方向に小走りに歩き始めたのだ。

どうして僕の目の前では何も言わずに立ち去ったのに、先輩トレーナーの山口さんにはあんなに明るい表情をしているんだろう。僕がふしぎに思っていると、ゲストに軽く手を振って戻ってきた山口さんが僕に言った。

「内田さん、先ほどのゲストが手に何か持っておられたの気づかなかったですか？」

「手に？　ああ、そういえばパークのマップを持ってました。でも、それってほとんどのゲストが持ってますよね」

「そうです。でも、先ほどのゲストは、何度かマップのどこかの場所を確かめる仕草をしながら僕たちのところに来られてませんでしたか？　注文をしたかったのではなく、自分が探しているお店のことをたずねたかったんです。

話をうかがうとゲストはピザが食べたかったそうです。でも、ここトゥモローランド・テラスはハンバーガーのお店ですから、ショーベースの前にあるパン・ギャラクティック・ピザ・ポートをご案内して差し上げたかったですね」

僕は山口さんにそう言われて戸惑った。自分の担当外の店のことまでゲストに案内するなんて。

山口さんはゲストに見せたのと同じような笑顔でこう続けた。

「僕たちは、ここでは誰もがゲストにとってのショーの一部を演じている存在です。だから従業員ではなくキャストと呼ばれるんです。先ほどのゲストは、宇宙でここにしかない全自動ピザ製造マシーンでつくる銀河一おいしいピザを探している途中で道に迷って僕たちのところに立ち寄った。

そう考えたら、僕たちがそのときやるべきことは、ただの接客じゃない。ゲストの旅の案内人になることじゃないですか」

山口さんが、さらりと話してくれたことはディズニーランドで「バックグラウンドストーリー」と呼ばれているものだった。

イタリア系宇宙人トニー・ソラローニ店長が切り盛りする、熱々の焼きたてピザレストラン、パン・ギャラクティック・ピザ・ポートは、地球第1号店。

じつは、このお店はただのお店ではなく、重大な使命を帯びて地球にやってきたトニー店長の命運がかかっているレストラン。その秘密の一端が、ＳＦ風のレストランの内装や仕掛けの中に隠れているという。

こうした「バックグラウンドストーリー」はディズニーランドのさまざまなアトラクションやレストラン、ショップなどに描かれていて、ゲストがそうした世界観の中

に入り込んで楽しめるようにショーを演じることもキャストの大切な役割なのだ。

僕は山口さんが教えてくれたことに驚いた。バックグラウンドストーリーという存在にも、その話をさも自然に話す山口さんにも、そしてそんなふうにお客様であるゲストを楽しませながら仕事をする世界があるということに対してもだ。

ここでは、ハンバーガーひとつでも「ハンバーガー」として売ることはしない。ゲストのためのショーであり舞台の重要なアイテムの一つとして提供される。そんな仕事があるなんて、これまで想像したこともなかった。

ホテルの調理場にいた頃の僕は、仕事なんて、決められたことを効率よく誰からも文句を言われないようにやるものだと思っていた。いや、そう思い込んで自分を納得させていたといったほうがいいかもしれない。

みんなそうやって社会人という大人になっていくんだと。

「内田さんの仕事の動きはとてもいいと思います」山口さんが僕に言った。

「ただし、それだけではダメ。忘れちゃいけないのは僕たちはただハンバーガーを売るためにここに立っているんじゃないってことです。仕事が早く正確にできることは大切。でも、それだったら機械がやってもいいですよね。

僕たちはキャストです。キャストのいちばんの仕事は何だと思いますか？」

「いちばんの仕事……ですか？」

自分のやることにいちばんとか、そんな大事な何かがあるとかそれまで考えたことがなかった僕は、どう答えていいのかわからなかった。

「いちばんの仕事はゲストに喜んでもらうこと。そのために僕たちキャストはそれぞれの役をやっているんです。

内田さんが本当にゲストに喜んでもらうために笑顔で何かをやれたら、そのとき手渡すハンバーガーは宇宙でいちばんの味にだってすることができる。それってすごいことだと思いませんか？」

僕の中で何かがパチンと音を立てて弾けた気がした。ハンバーガーひとつでも誰かを喜ばせることができるなんて、それって魔法じゃないか。

ゲストに対してそんなふうに〝魔法をかける〟ことのできる先輩トレーナーを僕は素直に「かっこいい」と思ったのだ。自分もそうなりたい、と。

―― 1年後 ――

ディズニーキャストとして働き始めた僕は、すっかり健康を取り戻すことができた。春休みなどの学生のお休みシーズン、ゴールデンウィークや夏休み、クリスマスシーズンなどは目が回るような忙しさだったけれど、それすらも「楽しい」と思えるほどだった。

働くということへの意識が変わってしまったと言ったら大げさなのかもしれない。だけど、本当にそうなのだ。

それまで僕は料理をつくることで人に喜んでもらう楽しさは味わったことはあった

けれど、人に直接、何かのサービスをするという経験は初めてだった。それも、ただのサービス業ではない。ディズニーランドではアルバイトのキャストであっても、立派なコスチューム（衣装）を着てゲストの前に立つことができる。

作業着やユニフォームではなく、コスチュームを身につけるということは、ゲストを楽しませる仕事をするということだ。着た瞬間から、気分が変わる。「さあ、舞台だ！」という気持ちになれる。そんな魔法のコスチュームのように僕には思えたのだ。

自分が誰かを楽しませることができるのだと思うと、どんなふうに仕事をしていても「もっと何かできないかな」「もっとゲストにハピネスをあげたい」という気持ちに自然となってくる。

こんなこともあった。カップルでトゥモローランド・テラスにやってきたゲストがカウンターの前で少しもめていたのだ。どうやら、彼女のほうがオムライスが食べたいと言い、ハンバーガーが食べたい彼氏と意見が合わないらしい。

機嫌を悪くしたらしい彼女を彼氏が半分なだめるような怒るような感じになっている。

その日は、比較的混雑具合にも余裕があったので、僕はいつもどおりに接客をしながら、ふたりに話しかけた。

「お客様、クリッターカントリーにあるグランマ・サラのキッチンに秘密があるのはご存知ですか？」

ふたりは「えっ？」という顔で僕を見た。それはそうだろう。いきなりキャストに、パークの中にある秘密についての話を振られたのだから。

僕は顔を見合わせているふたりに話を続けた。

「じつは、クリッターカントリーでいちばん料理が上手なジャコウネズミのサラおばあちゃんのキッチンなんですが、本当のお店はクリッターカントリーの井戸の中にあるんです。

井戸の中に階段があって、その先に入口があるはずです。そのキッチンを人間が入れるような大きさにしたのがグランマ・サラのキッチン。オムライスもとってもおいしいですし、ここからは少し離れてますが、よければ井戸も探して中を覗いて食べに行かれたらどうでしょう？」

最初はポカンとしていたふたりだったが、彼女が「なにそれ、探しに行きたい！」と機嫌を直して乗り気になったので、彼氏も「あ、じゃあいいよ」という、ちょっとホッとしたような顔をしている。

僕は「行ってらっしゃい！」とカップルを見送った。

——3時間後。

カウンターで接客をしている僕の様子をうかがうように、先ほどのカップルが近づ

いてきた。

「さっきはありがとうございました」

彼女がそう言って、ちょこんと頭を下げた。

「ほんとにありました！　井戸！　ちっちゃくて中まではよく見えなかったけど、きっとそうですよね」

「絶対そうだよ、俺見えたから。足跡だってあったし」

どうやら本当にグランマ・サラのキッチンの井戸をふたりで確かめに行って、彼女も食べたかったオムライスを食べることができて満足したらしい。そのことを、わざわざ僕のいるトゥモローランド・テラスにまで戻ってきて報告に来てくれたのだ。

僕も、そうやって報告していただいたことのお礼を言って、今度は笑顔のカップルに手を振って見送った。

去り際に彼氏が、小さな声で「助かりました！」と僕にだけ聞こえるように言ってくれて、僕は小さく目でうなずいた。

1994年 10月

僕は、ただの仕事ではなく、ゲストとの幸せな瞬間をつくることを大切にできるディズニーの世界がどんどん好きになっていった。

その日も、気持ちのいい秋空が広がるパークは大勢のゲストでにぎわっていた。お昼を過ぎてもトゥモローランド・テラスにやってくるゲストは切れ目がない。

そんな中で、ようやくカウンターに並ばれる列が短くなった頃、ある親子連れのゲストの接客をしたときだった。3〜4歳ぐらいの男の子が泣きながらお母さんに抱っこされてカウンターにやってきた。

「ようこそトゥモローランド・テラスへ！」

僕は、泣き止んでくれたらいいなという想いを込めて男の子に笑顔を向けたけれど、グスンと鼻をすすったり、言葉にならない泣き声をあげたりを交互にくり返していた。

「すみません、えっと……チーズハンバーガーのセット」

お母さんはメニューを見上げながらも、男の子をなんとかあやそうとしている。

「チーズ&ビーフパティサンドセットですね」

僕は注文を確認したあとで、男の子に向けて指をパチンと鳴らし、こう付け加えた。

「いい？　お兄さん今からちょっとサターンっていうお星さまに、ボクが食べるチーズのハンバーガーを頼んでくるから、それまで待てる？」

「……お星…さま？」

まだ少し泣きながらも、僕が言った「お星さま」という言葉に反応している。

「そうだよ。ちょっと待っててね」

僕は、メモ帳の紙にサッとサターン（土星）の輪を描き、そこに宇宙人の簡単なイラストを添え「おいしくたべてね！」とメッセージをつけた。そして、その紙をそっと厨房から出て来たハンバーガーの容器の下に挟んでからトレイをお渡ししたのだ。

「はい、お待たせしました。ごゆっくりお召し上がりください！」

僕は、席に着いた親子がハンバーガーを食べようとしたときに、宇宙人からのメッセージが出てきて男の子が驚く様子を想像し、機嫌がなおるといいなと思った。

ところが——。

後日、金田さんというユニバーシティの教育担当マネージャーから呼び出しがあっ

おいしく たべてね

た。

（なんだろう？）

いつもなら、仕事の合間にきさくに声をかけてくれるのに、わざわざ呼び出されたことをふしぎに思いながらバックステージに出向く。そこで僕を待っていたのは思ってもみないひと言だった。

「え、クレームですか？」

「そうなんだよ。解決はしてるので問題はないんだけどね。一応、内田さんにも伝えておかないとと思ってさ」

「この前の、火曜日覚えてるかな。内田さんが接客した親子連れのゲストから
『カウンターで子どもがキャストに呼び止められてる間に、取ってあった席が他のゲストに座られてしまって、仕方なくベンチで食べた。キャストは席を案内してくれないんですか？』

という内容でクレームがあったんだ」

「……そうだったんですか。申し訳ありません。でもトゥモローランド・テラスではカウンターのキャストが席への案内はしたくてもできないですよね」

「それはそうなんだ。そのこともゲストにはお話しして納得してもらいました。本当なら、それでよかったんだけど内田さんに呼び止められてというのが気になって、それを確認したくてね」

僕は、金田さんに男の子の機嫌がなおってくれるように、ちょっと男の子とお話をしてメモ帳に宇宙人のイラストを描いて、そっとトレイに挟んでおいたことを伝えた。

よかれと思ってやったことが、クレームにつながってしまったことに僕は心が重くなった。きっと金田さんも、僕のやったことに注意をするために呼び出したのだろう。

僕がうつむいていると金田さんが口を開いた。

「そうでしたか。それならよかった。きっとその男の子は驚いて喜んだんじゃないかな」

「えっ？　それなら、なぜクレームを」

「まあ、これは推測するしかないけれど、きっと誰かに何か聞いてほしかったのかもしれないね。そのゲストは。いや、むしろ僕は内田さんのゲストへの応対は素晴らしいと思う。

もし、内田さんが男の子を喜ばせてなかったら、もしかしたらそのお母さんは席が取れなかったことにもっと怒ってたかもしれない」

金田さんはそう言うと、なにやら白いカードのようなものを僕に手渡した。

「あの、これは……？」

「内田さんへのファイブスターカード。この前も見かけたけど、カップルの危機を救うなんてなかなかできないよ」

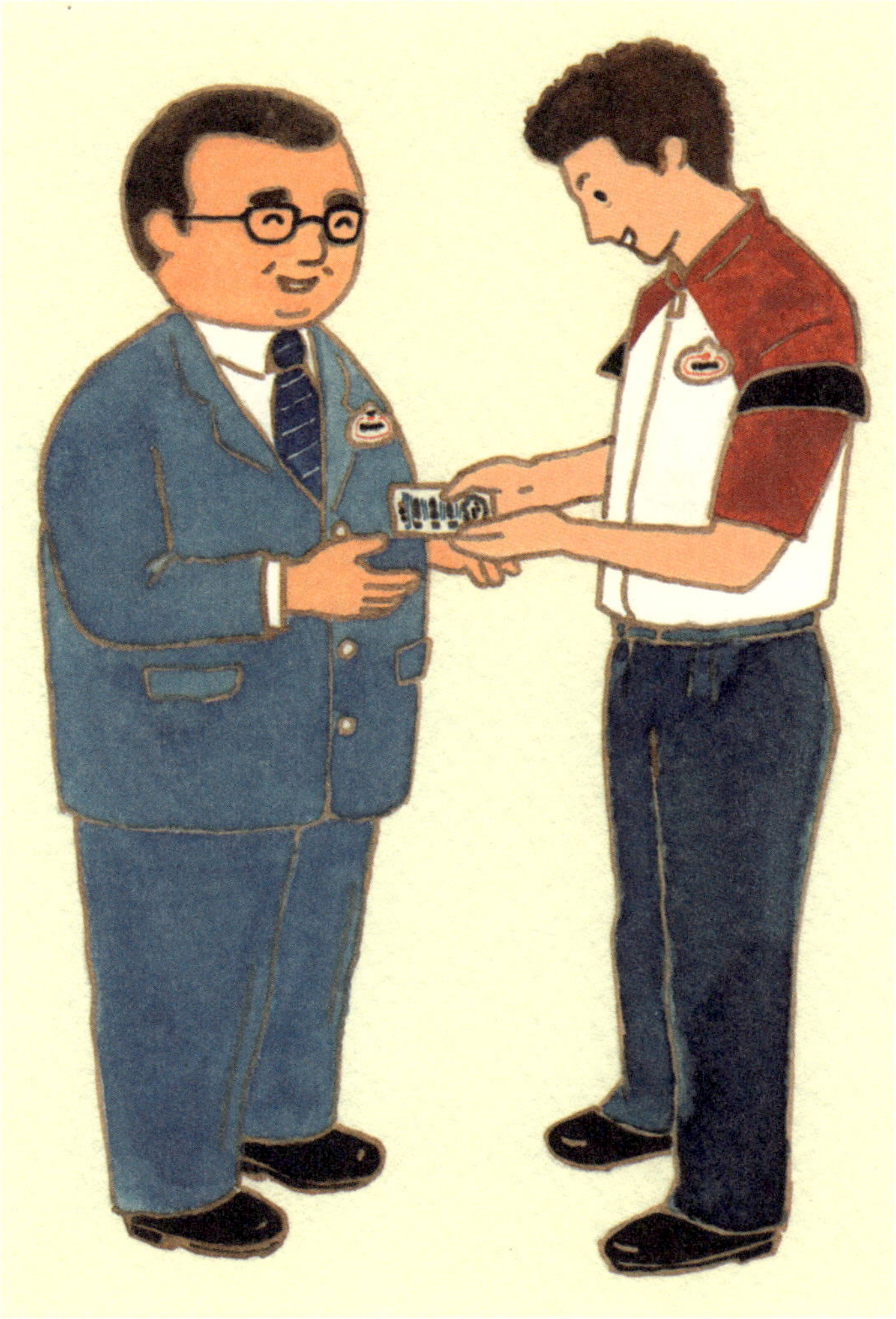

「――カップル!?」

あの、何を食べるかでもめていたカップルへの応対を見ててくれていたんだ！　僕は、てっきりクレームの件で注意を受けると思っていただけに、うれしいのと同時にびっくりした。


「見てると、内田さんはいつもゲストが笑顔になれるように仕事してるよね。誰よりも元気に声も出しているし」

「いや、そんな……。何も特別なことはしてないです。目の前のゲストが楽しんでいないともったいないなと思って。というか、ゲストに喜んでもらえたら僕自身がハッピーになれますし。本当は自分のためにやってるのかもしれないですが、それでもいいんですか？」

「もちろんだよ。なんといってもキャストはゲストにハピネスをお渡しする役割なんだから、キャスト自身が仕事でハピネスを感じていることはとても大事なんだよ」

ディズニーのファイブスターカードとは、素晴らしい行動をしたキャストを称えるためにマネージャーやスーパーバイザー以上の社員から手渡されるもの。カードには具体的にどんな行動が優れていたのかが記され、ファイブスターカードを5枚受け取ったキャストはファイブスターパーティーに招かれ、ミッキーやミニーの祝福を受けながら記念品をもらうことができる。

話には聞いていたけれど、まさか自分が本当にファイブスターカードをもらえるとは。

仕事でハピネスを感じることが大切だなんて、ホテルの調理場時代には誰からも言われたこともなかったことだ。

料理人のときもそうだったけれど、現場の仕事では自分たちが何をどう評価されているのかなんてわからないことがふつうだ。それを、ちゃんと自分のことを見てくれている人がいて具体的に評価されるというのは新鮮な経験だった。

なにより僕がやったことが間違ってなかったんだと人から認めてもらえることが、

こんなにうれしいとは。

このとき、僕は人生を開く重大な鍵をディズニーからもらったような気がする。

それは、自分で自分を認めること、そして自分もまわりの他者を認めること。それだけのことで、人は大きく勇気づけられハピネスで満たされ、前に進んでいくことができるのだと。

僕はそこから2年の間に5枚のファイブスターカードを手にして、ファイブスタープログラムの記念品であるティンカーベルのイラストが刻まれた特別な名刺入れをもらった。

この名刺入れをもらったことで、僕に新たな夢が芽生えた。

これまで名刺なんて持たない人生だったけれど、いつか絶対に自分のレストランの名刺を持てるようになろう。そう決意して、それまでこの名刺入れをいつも肌身離さず持ち歩くようになったのである。

2003年　9月

僕は自分の新たな夢への一歩を踏み出すためにディズニーのキャストを卒業した。

ディズニーで出会った先輩が独立して自分の店を持てることになったから手伝ってほしいと言われ、その話に乗ることにした。

いつか自分のレストランを持つという夢に向かって進み始めた僕にとって、身近で店づくりを経験できるのはプラスになると考えたからだ。先輩がマネージャーとして主に経営やスタッフのマネジメントを受け持ち、僕が実質的に店をオペレーションする接客の責任者のような役割をすることになった。


ところが――。

僕の夢や期待とは裏腹にアメリカの陽気なダイナー（気軽な食堂）を模したその店は、ひどい状態だった。

あるオーナーからディズニー時代の先輩が経営を頼まれたものの、スタッフも足りず、教育もできていない。いろんなものが追いついていない混乱状態の中で見切り発車で店がオープンされてしまったのだ。

先輩はディズニーを卒業したあと、名の通ったエンタメ系のレストランで経験を積んできたのだが、そのとき知り合った飲食業界のオーナーからこのダイナーに引き抜かれたらしい。

他にも何人か声がかかったみたいだったけれど、準備不足のダイナーの実態を知って、誰もその話に乗らなかったようだった。

それでも僕は「これは自分が試されているんだ」と考えて、少しでも効率よく仕事が回るように工夫してスタッフに指示を出し、なんとか店を軌道に乗せようと動き回った。いつか自分の店を持ったときに、きっとこの経験が役に立つのだと考えながら。

ホールも調理場の仕事も必死にやった。本当は接客の責任者として入った店だったけれど、コック経験があるということで調理場の面倒も見ることになったのだ。

僕が調理場に入っている間は、社会人経験のあるアルバイトの早瀬《はやせ》君という男の子にホールを任せたのだが、彼は飲食業の接客は初めてでピーク時になると完全にキャパシティオーバーになってしまっていた。

「ちょっと、どうなってんだよ！」

ホールからお客様の大きな声が調理場にまで聞こえてきた。僕が急いでホールに顔を出すと、どうやら注文した料理がなかなかできあがらないことに立腹されている様子。

早瀬君はなんとか取り繕おうとしているが、逆にさらにお客様の怒りを増幅させてしまっていたのだ。

「——お客様、たいへん申し訳ありません！」

コックコート姿のまま、僕はまずお客様に謝った。

「なんだ、君、厨房の責任者か？」

「はい」

「ここの店はどうなってるんだ！　注文を聞きにくるのも遅いし、料理だっていつまでたっても出てこない。おまけに、やっと出てきたと思ったら、注文したのと違ったのを持ってくる。ふざけてんのか？」

「いえ、たいへん申し訳ありません……」

「そもそも、この店、スタッフが少なすぎて回ってないだろ、それに――」


僕はお客様の怒りの声をひたすら聞き、謝ることしかできなかった。

ひとしきり怒り混じりに苦情を言ったお客様は「もういいよ、食べる気なくなった」と言って店を出て行かれてしまった。

こんなことが度重なるようになり、スタッフの元気もやる気も明らかに失われていくのがわかった。

店がうまくいっていないことは誰の目にも明らかだった。

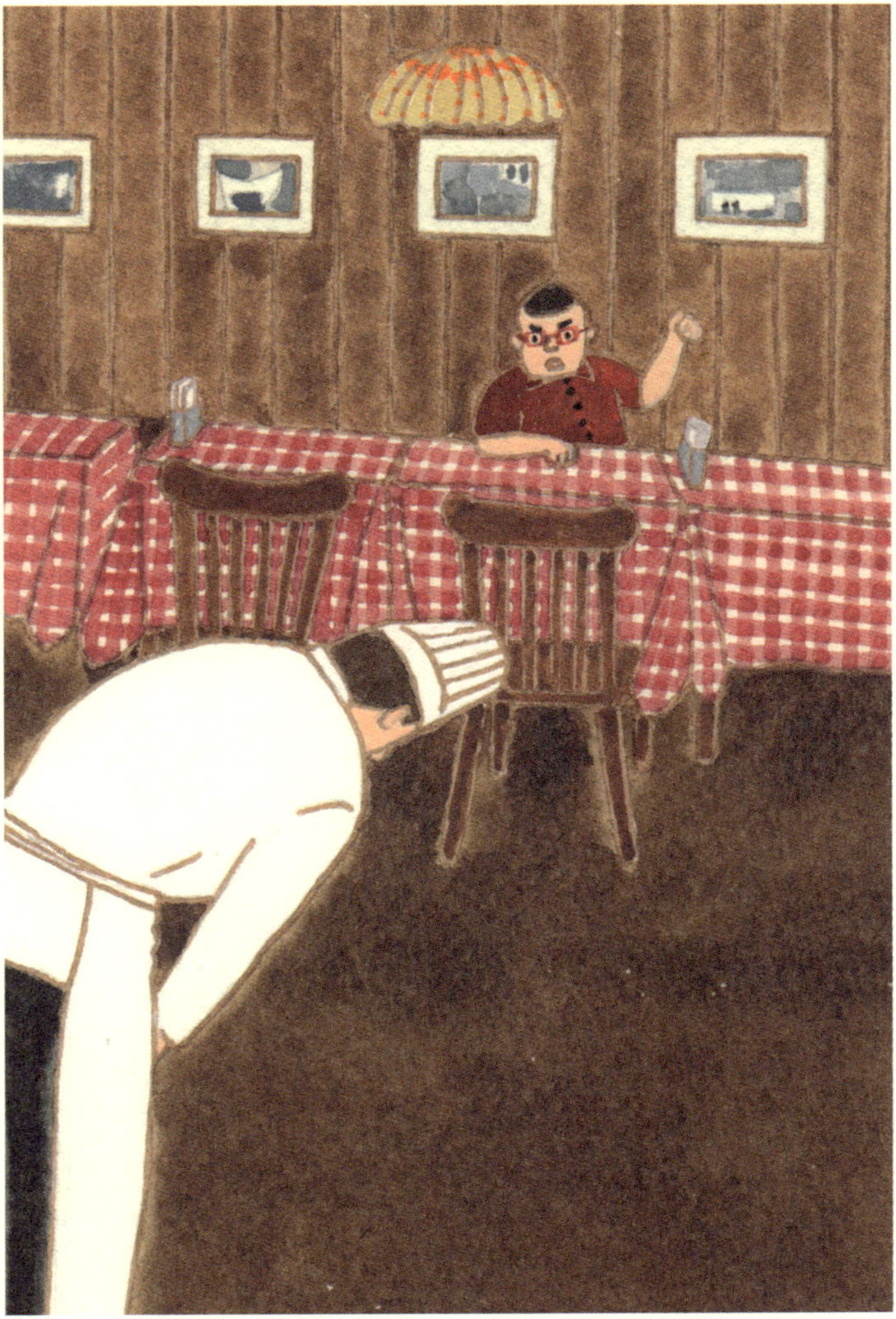

オープン当初は、アメリカの陽気なダイナーというコンセプトを掲げ、できるだけ手づくりの「アメリカのお母さんの味」をウリにしていたのに、スタッフ不足でそれもままならない。

フレンチフライひとつとってもじゃがいもの皮むきをするのもやめ、業務用の冷凍品を使うようになり、この店ならではの味や雰囲気が少なくなると、お客様も減り、スタッフも暗いのでさらにお客様が減るという悪循環。

もともと、僕に自分の店を手伝ってほしいと言ってきた先輩も、店がうまくいっていないことでオーナーに合わせる顔がないのか、ほとんど店に顔を出すこともなくなっていた。

早瀬君もアルバイトのリーダー役としてがんばってくれていたが、自分もいっぱいいっぱいなことが多く、なかなかうまくいかない。

このままでは店がやっていけなくなる。危機感が僕を襲った。船で言えば船体にいくつも穴が開いてしまって、どんどんそこから水が入ってきているような状況だ。なんとか穴を塞《ふさ》がないことには自分の店を持つという夢も沈んでいってしまう。

僕は、ダイナーをなんとか立て直すために、より一層スタッフにいろんな指示を出し、開店前のミーティングでも「ここができてない」「もっとこうしてほしい」ということを伝えた。

スタッフは一応、実質的に店を任されている僕の指示には従ってくれていたが、本当に伝わっているのかどうかはわからないモヤモヤがいつもあった。

そんなある日、早瀬君が僕に告げた。

「内田さん。俺、もう辞めます」

「えっ……」

「どう見ても無理でしょ。このまま店の営業続けても、お客さんのクレームを聞き続けて心が病むか、お客さんが誰も来なくなって暇で暇で死にそうになるかどっちかじゃないですか。それとも内田さんは、まだダイナーがやっていけるとでも思ってるんですか？」

「だけど早瀬君。今はどこの店も不景気で大変なんだし、早瀬君がいないとこの店回らないからさ」

「そんなのわかってますよ。でも、店がつぶれてから次を探しても疫病神《やくびょうがみ》みたいに思われるのも嫌なんで、先に辞めさせてもらいたいんですけど、ダメなんですか？」

　この状況で、なんだかんだ言っても店のことをわかっている早瀬君に辞められてしまうのは痛い。それしか頭になかった僕は、なんとか思い直してもらおうと、少しでも話を別の方向に振ろうとした。

「今度さ、ハロウィンのスープを出してみようかなと思ってるんだ。カボチャをお化けのかたちにくり抜いて、中にカボチャのスープを入れる。材料費はべつに増えないし、型抜き使えばそんなに手間もかからないし。どう思う？」

「内田さんがやりたいんでしょ？　べつにいいんじゃないですか」

少し投げやりな感じで早瀬君が言った。どうしてそんなに他人事なんだろうと僕は思った。早瀬君もアルバイトとはいえ、僕がホールを任せてなんとか一緒に店を盛り上げようとしてくれていたはずなのに。

そんな僕に、半ばあきれるように早瀬君の口から衝撃的なひと言がこぼれた。

「それに俺、聞いちゃったんです」
「聞いたって、何を？」
「オーナーがここの店、閉めるって言ってたのを。この前、内田さんが休みのときにマネージャーと話してましたよ。聞いてないんですか？」

（ここの店を閉める⁉）

寝耳に水の話だった。オーナーに電話で確かめると、マネージャーから話が伝わってるはずだと言われて、さらに驚くことになった。

つまり、僕は先輩からも見捨てられたわけである。その後、先輩の携帯に電話をかけても通じることはなかった。

オーナーからは、残り1か月で黒字が出せなかったら店を閉めると最終通告が出された。

スタッフも見切りをつけて辞めていく。残ったスタッフは早瀬君を含めてわずか数人。彼らもいいところさえ見つかればすぐにでも出て行ってしまいそうなのは明白だった。

閉店後。独りガランとした店のテーブルに座って、僕は店の今後をどうするか残ったスタッフと話し合った内容を思い起こしていた。

僕が「みんなまだ力が出せると思う」と言ったときに、スタッフのひとりにこう言われたのだ。

「そんなの今、内田さんに言われてもうれしくないですよ」

ショックだった。裏切られたとはいえ、先輩にこの店を実質的に任されてから、僕は自分の店のようなつもりで必死にやってきたのだ。正直言えば、愚痴《ぐち》の一つも言いたいところをグッと我慢してきた。

スタッフも一緒にがんばってくれていると思っていた。それなのに、結局は自分ひとりが無駄に空回りしていたということなのだろうか。

深夜。照明をほとんど落とした店内で、僕は自分だけが洞窟の中にでもいるような気がした。

テーブルの上に無造作に置いた店の鍵や、スタッフに気づいたことを伝えるメモ帳と共に、いつも持ち歩いているティンカーベルの名刺入れをぼんやりと眺めた。

ふと、ディズニー時代の自分のことを思った。あの頃は、ときには自分の部屋に帰る時間もないぐらい大変で、みんなでクローズの仕事を終えたあとキャスト仲間の寮に泊めてもらったりもしながら、それでも毎日が楽しかった。

自分のやっていることを評価され、マネージャーやスーパーバイザーからファイブスターカードをもらい、声をかけてもらったときは本当にうれしかった。かたちのあるカードや記念品をもらえたことがうれしかったんじゃない。人からそんなふうに思ってもらえたということが純粋にうれしかったのだ。

けれども、今は僕がスタッフを励ましても、早瀬君に頼りにしていると伝えても何も相手には届いていない。

人は自分がしてもらってうれしかったことは、ずっと覚えているものだ。反対に、誰かを「うれしい」と思わせることはとても難しい。

人から何かもらったり、声をかけてもらって「ありがとう」や「おいしい」という言葉はすぐに出てきやすい。

けれども「うれしい」という言葉や感情が素直に出ることはなかなかない。なぜなら、それを与えてくれた相手をリスペクト（尊敬）していないと「うれしい」にはならないからだ。

今の僕はスタッフから見れば、どれだけ「期待している」「一緒にがんばってほしい」と言われてもうれしくない相手になってしまっているようだった。

独りきりの店の中を、どこにも行き着く先のない時間だけが静かに流れていった。このままずっと朝なんてやってこない。今ならそう言われても納得するしかない気がした。

この店を経験すれば自分の店を持つことに近づける。最初にそう思ったのは間違っていたのだろうか。いや、その気持ちは間違いではないと思う。いつの間にか、僕は自分のことだけを考えるようになってしまっていたのかもしれない。

本当なら、もっと仲間であるスタッフや、その先にいるお客様を喜ばせることを考えないといけなかった。なのに僕は自分が店を切り盛りして、うまく指示を出して自分の力だけでなんとかすることばかり考えてしまっていた。

スタッフのできていない部分や要望は口にしても、みんなの「ここがいいね」「これがよかったよ」と褒めるようなこともしなくなっていた。

それでは、スタッフも仕事をしていて楽しいはずもない。レストランの世界が嫌になったわけでもないのに僕はどこで間違ってしまったのだろう。

照明が届かない店の奥の暗闇をぼんやり見つめながら僕は自問し続けていた。

ギリギリ照明が当たる場所に掲げてある古いアメリカのポスターが目に入った。1950年代のピンク色をしたアメリカの陽気なダイナーの写真。店の前に大きな車を停めたファミリーの笑顔が独特のポップなタッチで描かれている。

ポスターを眺めていると、子どもの頃、自分がつくった料理をたいしたことがなくても「おいしい！」と喜んでくれた弟や妹の顔が浮かんだ。

（……そうだ！）

自分は料理や楽しい時間をつくって人に喜んでもらうことが好きで、自分が何かを提供したことで相手の感情が動くのを見たり感じたりするのが大好きな人間なんだ。

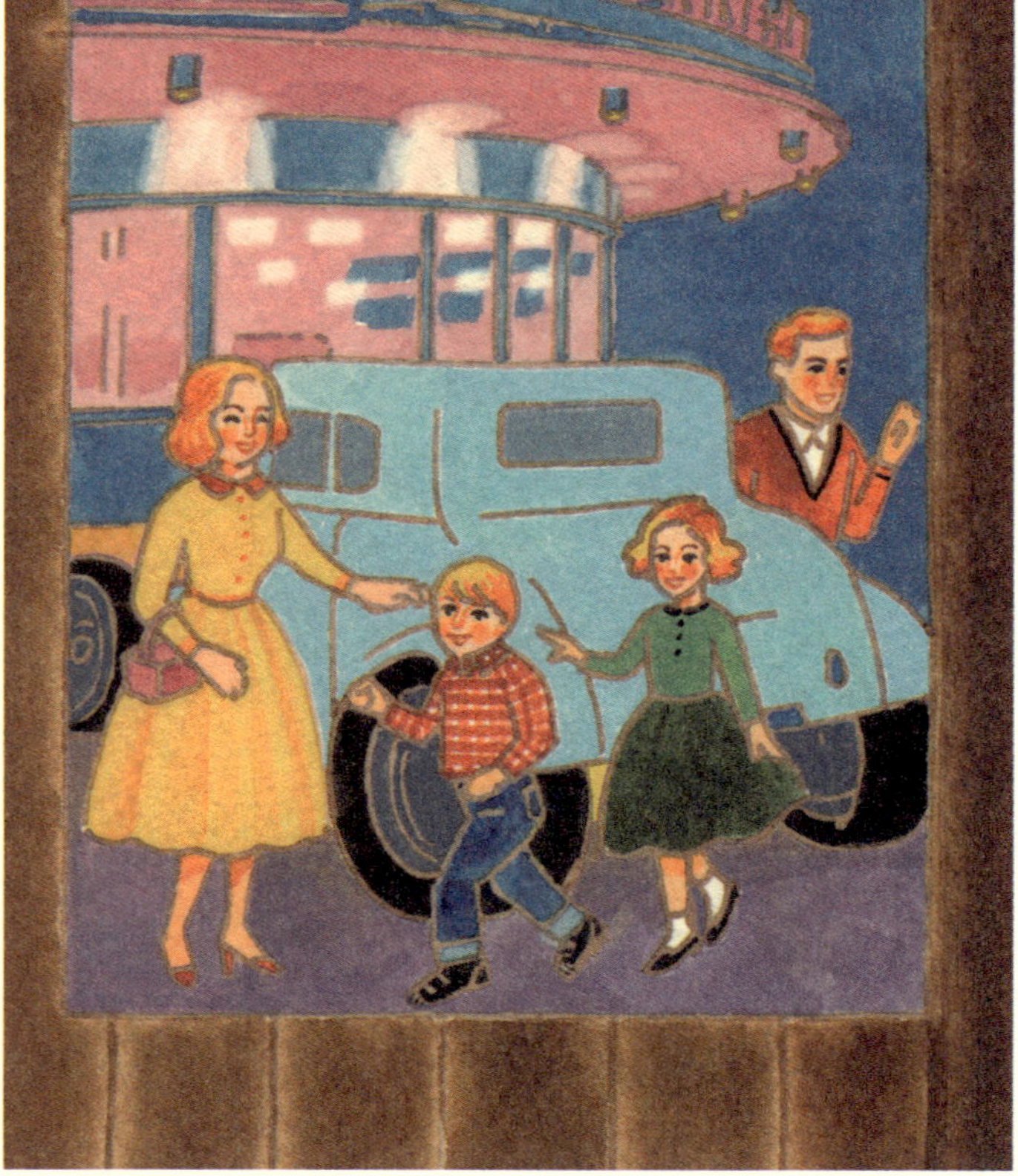
Melon
DRIVE-IN

僕は、ようやく自分の中の大事な原点を少し思い出せたような気がした。

―― 次の日 ――

朝方になって店を閉めて出た僕は、少し仮眠を取っただけでシャワーを浴びて電車に飛び乗った。行きたい場所があったのだ。

向かった先は東京ディズニーランド。といってもアトラクションに乗りたいわけでもショーやパレードが観たいわけでもなかった。

開園と同時に当日券を買ってパークに入ると、お目当てのアトラクションへ小走りに急ぐゲストを横目に僕は、ワールドバザールの中に隠れるようにある階段を上がって2階の「ディズニーギャラリー」にやってきた。

19世紀末の探険家であり学者でもあった人物の、優雅な邸宅を改装してギャラリーにしたというバックグラウンドストーリーを持つこの場所は、貴重なディズニーアニメーションのスケッチや、彫刻、模型などが展示されている。

ここだけは、あのパークの喧騒《けんそう》がうそのようにいつも静かな時間が流れていて、まさに隠れた穴場スポット。僕は、キャスト時代からここが大好きで、キャストを卒業してからもしんどいとき、元気がほしいときはいつもここで独りの時間を過ごしていた。

これまでは、ただただ単に癒されたくて「ディズニーギャラリー」に来ていたのだけれど、今回は何かが違うのが自分でもわかった。根拠なんてないけれど、この場所に来れば、何か自分のやるべきことがはっきりするんじゃないかという予感のようなものがあったのだ。

そう。人を喜ばせるために何かをつくり出すこと。そのためならまわりが何を言おうと、どんなことがあっても前に進み続けたウォルトの生み出してきたものに触れられれば、少し背中を押してもらえるような気がした。

もちろん、ウォルトが挑んできた世界なんて手が届かないこともわかっている。

だけど、ディズニーという場所は僕のようなふつうの人間にだって人を幸せにさせる「魔法」を使えるようにしてくれたのだ。あれから月日が流れ、僕はキャスト時代のように魔法を使えなくなってしまったのかもしれないけれど、もう一度、あの頃みたいに自分の仕事で誰かを幸せにさせる喜びを取り戻したい。

僕は、本当にそれだけを心の中で願いながら、誰もいないギャラリーの中を歩いた。

すると、ディズニーアニメーションの名シーンを紹介する展示の前で、僕の足が止まった。

《――ディズニーの主人公たちには逆境や悪者に立ち向かわなければならない運命的な瞬間がおとずれます》

逆境や悪者に立ち向かわなければならない運命的な瞬間。僕は、展示物の案内に刻まれたその言葉の前で立ちすくんだ。

今までなら、それほど気にとめなかったかもしれない。けれど、このときの僕には、今の自分が逆境に立ち向かう運命的な瞬間にいるのだと、ふしぎにスッと胸の奥に入ってきたのだ。

ディズニーアニメーションの主人公たちもウォルトも、どんな逆境の中にあっても、逃げずに突き進んでいたじゃないか。だからこそ、あれほど人を幸せにできる瞬間をつくり出すことができたのだ。

僕もそんな時間をつくることができるかもしれない。いや、できる。そんな勇気をもらったような気がした。

僕は、やっぱりここに来てよかったと満足しながらギャラリーを出て、ワールドバザールを行きかうゲストの人波の中に入った。

このまま帰ろうと、人波の流れに逆らいながら出口に向かって足を一歩踏み出した瞬間、僕は何かまだ「大事なこと」を見落としているような気がした。このまま帰ってしまってはいけない。そんな声なき声に呼ばれたように感じて、今出てきたばかりのディズニーギャラリーの窓を見上げた。

あの窓の向こうには、いつまでも色あせない夢がたくさん並んでいる。それは、決して過去の夢でもなんでもない。いつだって見る人に力をくれるのだ。

「夢を求め続ける勇気さえあれば、すべての夢は必ず実現できる」

ふと、僕の頭にウォルトの有名な言葉が浮かんだ。

（そうだよ……）

思わず独り言を吐いた。何を悩んでいたんだろう。あれも足りない、これもできないなんて言ってたって始まらないじゃないか。今が困難だからって、夢や可能性までゼロにする必要なんてないんだ。

そうだ、この言葉に出会うために僕はここに来たんだ。僕はゲームで言うなら最後の鍵を手に入れたような気分で、ディズニーランドの〝神様〟のもとへかけ出していた。

『ディズニーランドは永遠に完成しない。世界に想像力がある限り、成長し続けるだろう』

ウォルト・ディズニーの銅像の前で、僕は大好きなウォルトの言葉を嚙みしめた。あのウォルトだってどんなときも「このままでいい」なんて思わなかったのだ。いつだって未来は新しくつくることができる。

今の状況から逃げちゃダメだ。むしろ、今やっていないこと、やれていないことの中にこそ可能性があるかもしれない。

そんなふうに考えながら、まさにウォルトの命が吹き込まれたかのようなディズニーキャラクターたちやショーやパレードの数々を観ていると、なんだか自分まで何かをつくりたくなってくる。

ゼロから新しい何かをつくるのは大変なことだけれど、そこに挑み続ける中にこそ、人間の本当の喜びがあるんだよと、すぐそばでウォルトが教えてくれているような気がした。

だとしたら、今の苦しい状態は逆に自分の出番じゃないか。そう、穴があいてしまった鍋やフライパンを直すのが得意な修理の妖精ティンカーベルのように、自分の得意な「何かをつくり出す力」で、今の店が失ってしまった「ゲストを喜ばせる時間」を取り戻してみよう。

そう決意しながら、僕はパークをあとにした。

*

閉店まで残された時間は1か月。

失ったお客様を急に取り戻すことができるのか。ふつうに考えて、短期間で黒字回復を実現させ、お店の存続までもっていくのは限りなく不可能である。

それでも、なぜか内田晃弘の心は晴れ晴れとしていた。

そのときはまだ、彼に大きなショックを与えてくれる出会いが待ち構えているとも知らずに――。

【第3話へつづく】

第3話

喜びという名のキッチン

ディズニーのキャストはゲストを楽しませるエンターテイナーであり、どんな状況でもハピネスをつくり出すことのできる魔法使いだ。

ゲストを楽しませるための方法が事細かに書かれたマニュアルなどなくても、キャストのひとりひとりが目の前のゲストのために「世界のここにしかないショー」を演じることができる。

それによって、巷《ちまた》で語られるようなさまざまな〝奇跡〟が生まれてきたのだ。

キャストはべつに最初からミラクルを望んだり想像するわけではない。ただ、ひとりの人間として目の前の人の喜ぶ顔が見たい、温かなハピネスを分かち合いたいという一心で行動する。

ディズニーでそうしたハピネスを生む魔法を身につけたキャストは、ディズニーを卒業してからもいろんな場所で「誰か」を喜ばせるために行動し、その結果として思いがけない出来事に遭遇《そうぐう》することも少なくない。

自分の勤めている店と共に苦境に立たされていた内田晃弘も、まさにそうした体験をしてきたのである。

＊

２００５年　10月
お店のオープン前のミーティングで、僕は辞めずに残っているスタッフに謝った。
自分はこれまで「もっとこうしてほしい」「これができていない」という指示はしてきたけれど、スタッフみんなに直接「いいと思う部分」を伝えていなかった。そのことに対して「申し訳なかった」と頭を下げた。

これまでそんなことがなかったので、スタッフはポカンとした顔をしている。

「ちょっと、みんなに聞いてほしいことがあるんだ」

僕は怪訝《けげん》そうな顔をしているスタッフたちの顔を見渡して言った。

「僕は昔、ディズニーランドで働いてたことがある。トゥモローランド・テラスっていうハンバーガーレストランのフードサービスキャストだった」

ディズニーと口に出したときにスタッフの早瀬君が「あっ」という顔をした。そういえば、この店でいちばんバイト歴が長い彼にはチラッと話したことがあったのだ。

「正直、そこで働く前まではディズニーのキャストだからマニュアルがあって、そのとおりにやればいいんだって思ってたんだよな。逆に言えば、それ以上のことをやってもやらなくても何も言われないだろうって。

そうしたら、それが全然違った。そもそも、ただの仕事やアルバイトじゃないんだ。ふつうだったら、ふだんの自分以上のものになんかなれないし、ならなくたってかまわない。

だけどディズニーはふだんの自分はどんなに自信がなくても、ホール担当ならホールのプロを演じ、調理場担当ならプロのコックをちゃんと演じる。それがお金を払って非日常を楽しむゲストに対するおもてなしなんだって教えられたんだ。

そうやってショーの中に自分が入り込んだみたいに楽しめたゲストから『ありがとう』っていう言葉や笑顔をいっぱいもらった。それって素敵なことだなって思った。ふつうに仕事していて、こちらが『ありがとうございました』って言うことがあっても、逆に言ってもらえることってほとんどないからね」

スタッフは明らかに「いったい何を突然言い出したんだろう」という顔をしている。それでも僕は自分にも言い聞かせるつもりで話を続けた。

「大げさに聞こえるかもしれない。だけど、どんな仕事だって本当は世の中に何か影響を与えてるものだって思う。うちだったら、ただ料理をつくって出して、お客様からお金をいただくだけじゃない。

何かそこにプラスして〝いい影響〟が与えられるような仕事をしたい。この店に食べに来て、来る前より幸せな気分になって帰れるとか、元気が出るとか何だっていいんだ。それで『ありがとう』をもらえるようになれば、それがこの店が存在する意味にもなるし、みんなの存在理由にもなると思う。

飲食業の世界で働くのはとても大変だし、肉体的にも精神的にもきつい。世の中でどう評価されてるのかは知らない。お金が儲かるための仕事なら他にもいっぱいある。でもレストランっていう場所は、本当は毎日のようにお客様から『おいしかった！　ありがとう』って言ってもらえるなかなかない場所だと思うんだ。

こちらがハピネスを提供して、相手のお客様からもハピネスをいただける。この店もそんなふうにできないかな」

自分でも話しながら遠いことを言ってるなと思った。

遠いというのは、その実現までの距離がということではない。あまりにも目の前の現実と離れすぎたことを言っているのがわかっていたからだ。

どんなことよりも、まず今、自分たちがやらなければいけないのは1か月という限られた時間の中で客足を回復させて黒字にすること。そのために何をすればいいのか、どんな手を打てばいいのか。そこを考えなければ話が始まらないことは十分わかっている。

スタッフもおそらく、そこが具体的に見えてこなければ、もうこのダイナーで働く気にはなれないだろう。いくら不景気だからといっても飲食業界は慢性的に人が足りないのだ。どこか別の店を探すのはそれほど難しいことじゃない。

スタッフそれぞれの頭の中で「言ってることはわかるけれど」という言葉が流れているような気がした。

「……全然関係ないですけど、言っていいですか？」

ダイナーでいちばんキャリアの若い大学生の香奈《かな》が口を開いた。

「内田さんの話を聞いていて思ったんです。儲からなければお店ってつぶれちゃいますよね。言いにくいけど、ここのお店も危ないの知ってます。

でも、だからってお客さんから何でもいいからもう一品追加注文取るとか、無理に笑顔でドリンクのおかわりを勧めるとか、そういうのやめませんか？　なんか意味ないですよね」

「けど、それやらないと売り上げ上がんないよ？　実際、そうやってちょっとは客単価だって上がったし」

他のスタッフが言った。

「そんなの、そのときだけじゃないですか。女の子に笑顔で勧められたら、そのときはお客さんも楽しんでるし断らないですよ。でも、そういうお客さんって次はないですよね。

やっぱりあとになって冷静になったら、ちょっと嫌な気持ちっていうか失敗したっ

て、お客さんきっと思うと思うんです。だから、そのお店にはもう行かない。うちのお店にリピートしてくれるお客さんなんて、今ほとんどいないですよね。それが答えじゃないですか？」

香奈の言葉にみんなが沈黙した。スタッフのみんなも決して悪意があってやっていたのではない。いろいろ文句を言いながらも、なんとか店の売り上げを上げるために「やらなきゃ」と思ってやってくれていたのだ。けれど、香奈の言うとおり、そうしたやり方では結果的にお客様を裏切ることになってしまう。

沈黙を破って、僕が再び口を開いた。

「……言ってくれてありがとう。そのとおりだと思う。この店はみんながんばってくれてるけどリピートしてくれるファンがつくれてないのは事実だ。

それで思ったんだけど、なんでディズニーランドはあんなにゲストがリピートするんだろう？　ディズニーだからって言ってしまえばそれまでだけど、それだけじゃない気がするんだよ。

個人的に思うのは、ディズニーで嫌な思いをすることってほとんどないからじゃないのかな」

香奈が「あー」という顔をした。

「僕がキャストをやってたトゥモローランド・テラスのハンバーガーだって、ジューシーでおいしいけど特別な高級さを売りにしてたわけじゃない。

でも、ゲストは友人や恋人や家族と一緒にわくわくした気持ちに包まれて、キャストにも笑顔をもらって、それがすごく幸せな味になって感じられたんだと思う。

あとになっても、ときどき、ふとそんな幸せな瞬間を思い出して、またその時間を味わってみたくなる。それがリピートにつながってたんじゃないかなと思う」

また沈黙がスタッフみんなを包んだが、今度の静けさは行き場のないさっきまでの沈黙とは違っていた。

ほんのちょっとだけれど、空気が入れかわって、新しい空気を吸い込むときのようなそんな沈黙だった。

―― 1週間後 ――

今さら目先の売り上げを追いかけても仕方ない。どうせ、うまくいかないのなら、せめて自分たちがやっていて楽しいと思えることをしたほうがいい。もし、店がこのままダメになって閉めることになっても、最後は自分たちもお客様も幸せな気分だったなと思って終わりたい。

明確に言葉にしたわけではなかったけれど、なんとなくスタッフの間にそんな空気が生まれた。

もともとは自分で直接お客様とコミュニケーションできて、いろんなサービスをすることを楽しいと感じ、それでお客様に喜んでもらうことがしたくて飲食業界に入ってきた子たちなのだ。

そういう意味では、スタッフが「変わった」というよりは、もとからの素の自分たちの姿に戻ったということかもしれない。

売り上げのために無理に空いたグラスをさげて追加のドリンクを聞くようなことをやめ、その代わりにディズニーみたいに自分たちで考えた、ドリンクのバックグラウンドストーリーをお話しするようにしてみた。

たとえば、こんな具合にだ。

「うちのお店の『スクリュードライバー』は、本当に特別なねじ回しで混ぜてつくってるんです。もちろん、きれいなねじ回しですよ。昔、このお店をつくった大工さんがアメリカ旅行したときにお土産で買ってきたものらしいんですけどね。

そのねじ回しを持ってると、商店街の福引で当たったり、いいことがあったのでお店が開店したときに記念でプレゼントしてもらったものなんです。幸運のねじ回しってとこですかね。

それでつくった、いいことがあるかもしれない『スクリュードライバー』、ちょっと飲んでみませんか？」

そうすると、追加のオーダーを無理に取らなくてもお客様のほうから「面白そう、飲んでみようかな」とオーダーがいただけるようにもなったのだ。

小さなことかもしれないけれど、そんなふうに自分たちが提供できるハピネスを少しでも工夫してつくるようにみんなでがんばった。

それでも、閉店期限まで残り3週間で、一度減ってしまったお客様は急激には回復しない。

僕もスタッフも1％にも満たないような可能性と99％以上無理なんじゃないかという気持ちの中で、それでも水面から必死で顔を出すように一生懸命少ないお客様におもてなしをした。そんなある日の開店直後のこと。ひとりの男性がお店にやってきた。

「あの、ちょっとよろしいでしょうか……?」

どこか遠慮がちに店に入ってきた30代ぐらいの男性は店長と話がしたいという。スタッフに呼ばれて僕が応対に出ると、木村さんと名乗る男性は意を決するような感じで言った。

「このお店で家族のお祝いをさせてもらえないですか?」

お店にとってお祝いの会は大歓迎。それなのに、なぜ木村さんは遠慮がちなのだろう。僕がたずねると、じつは木村さんの5歳になるお子さん蒼太《そうた》君が「脳性まひ」という重い障がいを持っているのだという。

正直なところ僕は、脳性まひという言葉を聞いたことはあっても、そうした障がいを抱えるお子さんやご家族のことは何も知らなかった。脳性まひは出産前後に何らかの要因で脳の一部が傷ついたことによって運動神経や感覚神経、記憶や認知などを司る高次神経機能に障がいを負ってしまうものだ。

そのために、家族以外の他人がいる場所では蒼太君が不安がったり、興奮してしまうこともあり、これまでは誕生日もずっと自宅でお祝いをしてきたという。

「でも、今年は妻との結婚7周年なんです。ちょうど蒼太の5歳の誕生月と同じ月が結婚記念日で、両方のお祝いを兼ねてどうしても外のお店でささやかでもいいから記念に残ることをしてあげたいと思ってます」

「そうだったんですか。でもどうしてうちの店に？」

僕はそれほど深い意味はなかったが、ちょっと気になったのでたずねてみた。すると、木村さんは「言いづらいんですけど……」と前置きしながら言った。

「じつは、蒼太は車イスだし人の大勢いる場所も慣れてなく、あまり混んでいるお店だと迷惑がかかりそうなので、比較的空いていそうなお店でお願いしてみようかと……勝手なことを言って申し訳ありません」

「いえ、そんな――」

僕は頭を下げる木村さんを、あわてて制止したが「空いているお店」というのは内心やはりちょっとショックだった。

「やっぱり難しいですよね。すみません」

木村さんは、そう言って頭を下げて帰ろうとする。たしかに、他のお客様もいる中で、木村さんファミリーに気兼ねなく楽しんでもらえるようにもてなす自信はない。だけど、だからといって断ってしまっていいのだろうか。

（いいか、内田。ゲストにはどんなときも「ノー」とは言うな。ゲストが困っている

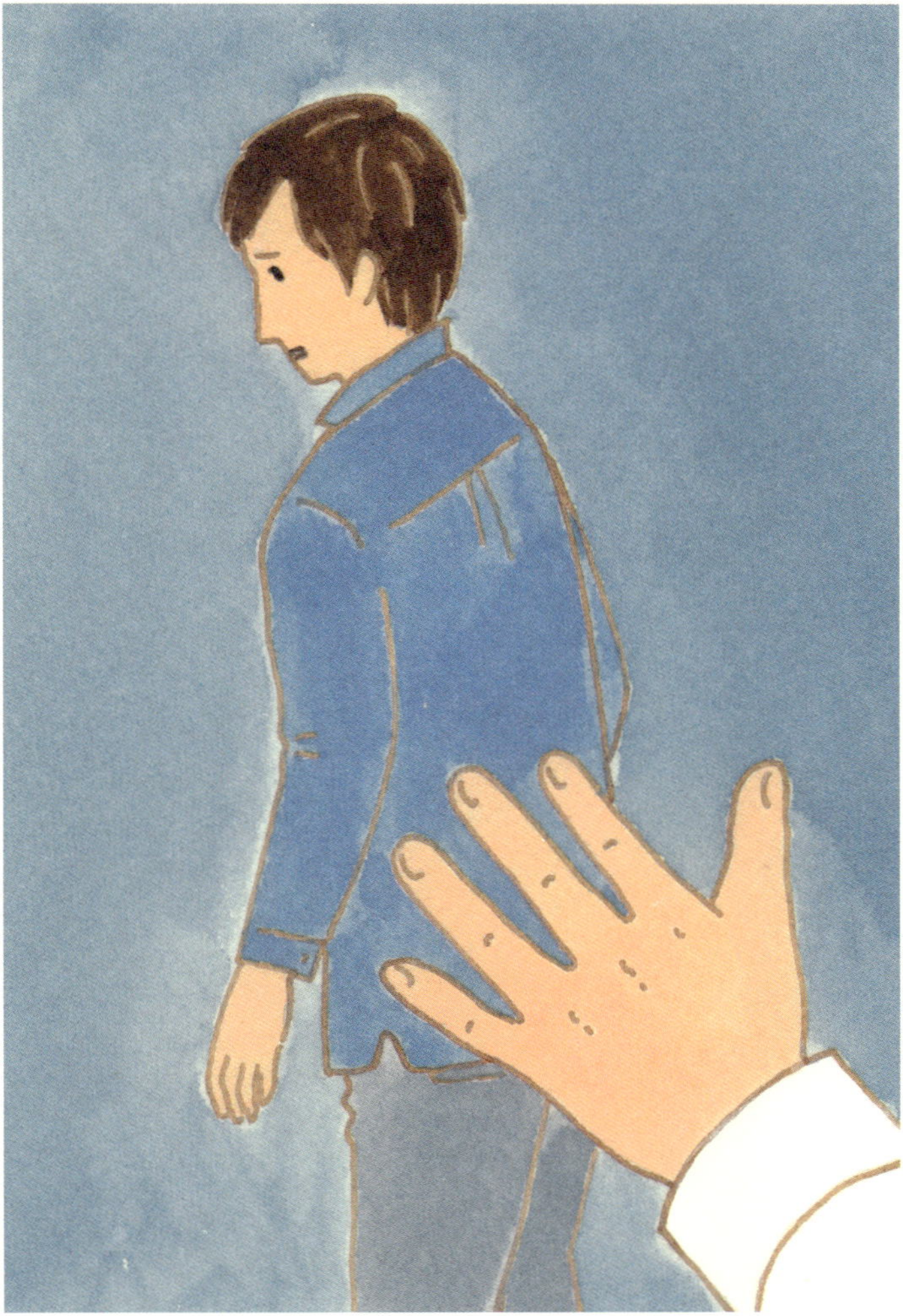

ことや楽しみにしていることならなおさらだ)

ディズニーのキャスト時代、先輩キャストから言われた言葉がどこからか聞こえてきた気がした。

「木村さん、待ってください」店を出ようとしている木村さんを僕は呼び止め、言った。

「うちでよければ、ぜひやらせてください。蒼太君の5歳の誕生日と木村さんご夫婦の7回目の結婚記念日のお祝い」

「いや、でも……」

「大丈夫です。精一杯やらせていただきます」

ちゃんとおもてなしできるという根拠はなかった。

脳性まひという障がいを持っている蒼太君に、そしてその蒼太君を囲んで、ごく当たり前のように家族の大事なお祝いの時間を過ごしたいと考えている木村さんファミリーに対して、どうすれば喜んでもらえるのか。

正解はまるでわからなかったけれど、僕はひとりの人間として「大切なこと」をやろうと思った。どんなきっかけだったとしても、僕たちが働く店をたずねて来てくれて、断られることも承知で頼ってくれた人に何もしないまま「ノー」と言うのはおかしい。

あの日、久しぶりに出かけた「ディズニーギャラリー」で、自分の中の夢や可能性をいつでも追い続けることの大切さを再認識させてもらったからかもしれない。それなのに今ここで何もしないと、ディズニーの神様が悲しそうな顔をするように思えた。

おそらく、この店はもうこのまま閉店を余儀なくされるだろう。それならせめて、誰か一組のお客様でも「ここのお店があってよかった」と思ってもらってクローズしたい。そのためにも、木村さんファミリーにできるだけのことをさせてもらおうと決意したのだ。

木村さんはお祝いの会の日時と予算を決めると、本当にうれしそうな顔でお礼を言い、その日を楽しみに帰っていった。

僕はスタッフに相談せず決めたことが少し気がかりだったが、たとえみんなに反対されても自分ひとりでもできるだけのおもてなしをしようと思いながら、スタッフみんなにこの話を伝えた。

すると、意外にもみんなは「やりましょうよ！」と乗り気になってくれた。きっと、最後に何か自分たちの心にも残ることをやりたいという想いは同じだったのかもしれない。

どうしたら木村さんファミリーが心から喜んでくれるだろうか。このダイナーで誕生日会をやってよかったと思ってもらえるだろうか。初めてのことだけに、どんなおもてなしをすればいいのか誰もわからなかった。

スタッフのひとりが言ったのは「お子さんが脳性まひの障がいを持っておられるからといって、あまり特別に気を遣いすぎることはせず、他のお客様のパーティーをするときと同じようにおもてなしをしよう」ということだった。

あまり気を遣われすぎても、かえってよそよそしい感じがして楽しめなくなってしまうからだという。その意見にみんなも賛成した。

―― 誕生日会当日 ――

「こんにちは」

「こんにちは！　ダイナーにようこそ。木村様お待ちしておりました！」

明るい色をした専用の車イスに乗った蒼太君と一緒にやってきた木村さんファミリーは「おや？」という顔をして、少し心配そうに店の中を見回した。

「あの、今日で大丈夫なんですよね？　誕生日会やらせてもらうの」

「はい。もちろんです」

「……他のお客様もいらっしゃるので、ちょっと心配になって」
「大丈夫ですよ。さあ。どうぞ！」

おそらく、こうしたお店に家族でやってくるのは初めてだったのだろう。蒼太君も木村さん夫妻も心なしか緊張気味なのがわかった。それでも、スタッフみんなに笑顔で迎えられたことに少しホッとした様子でテーブルに向かった。

蒼太君のお祝いのケーキもスタッフみんなで考え工夫した。

車イスに座った状態でローソクに息を直接吹きかけることが難しいので、特別な飾りを施したストローをつくり、うまくローソクの火が消せるようにしたのだ。

火が消えた瞬間、スタッフが目で合図をすると、ＢＧＭが切り替わり「ハッピーバースデーの歌」が店に流れた。

「ハッピーバースデー　トゥユー♪」「ハッピーバースデー　ディア蒼太君♪」

ＢＧＭに合わせて、お店にいたお客様も一緒に「ハッピーバースデーの歌」を口ずさむ。木村さん夫婦は驚いた表情で店の中を見渡している。

じつは、スタッフが事前に他のお客様のテーブルを回ってお願いをしておいたのだ。どのお客様も喜んで応じてくれた。

本当なら、もっとお金も時間もかけたサプライズが用意できればよかったのかもしれない。けれど、今の自分たちにできる精一杯のことをするしかない。

スタッフのひとりは、家から仮装に使うような大きな帽子を持って来て被りながら木村さんファミリーのホスト役をした。

「ほら、これ被ってるとパーティーの雰囲気も出るし、店のどこにいてもすぐにわかるから声もかけやすいかなと思って」

スタッフそれぞれが自分で考えたおもてなしをしていたことが僕にはうれしかった。もちろん、幸運を呼ぶカクテル『スクリュードライバー』も、バックグラウンドストーリーと共にお出しした。

誕生日会の最後には、調理場に入っていた僕やスタッフみんなで木村さんファミリーを囲んで記念撮影もした。

撮影を終えると、僕は木村さんから握手を求められた。お母さんの目にはうっすら涙が浮かんでいる。

「今日は、本当にありがとうございます」木村さん夫婦がそう言って、スタッフみんなにお礼を言った。

「こんなふうに外のお店で蒼太の誕生日と僕たちの結婚記念日をお祝いできるなんて思ってませんでした。でも、本当に大丈夫だったんでしょうか？　私たちが他のお客さんの迷惑になったりしてたらと思って……」

木村さんが少し心配そうに僕に言った。

「大丈夫ですよ」僕は笑顔で答えたあと、続けてこう言った。

HAPPY BIRTHDAY

「本当はお話ししないでおこうと思っていたのですが、じつはこのお店、もうあと2週間ほどで閉店になるんです」

「えっ⁉」

「ごめんなさい。びっくりさせてしまって。でも、今日は、僕たちもそんなことを忘れて蒼太君や木村さんご家族のために、久しぶりに楽しくお店を盛り上げさせてもらうことができました」

「……そうだったんですか。でも、内田さんやスタッフのみなさんにこんなに温かく迎えていただいたのにお店がなくなるなんて」


木村さんの表情が少し悲し気に目に映った。

「そう言っていただけてうれしいです。でも、今日のことは僕はともかくスタッフたちのおかげです。みんな、僕の知らないところで相談して、木村さんご家族を迎えるために車イスで通りやすいようにテーブルを移動させたり、他のお客様との距離も近すぎず遠すぎないようにレイアウトを考えたりしてくれたみたいです」

僕は、少し照れたような表情をしているスタッフを見渡しながら言った。

実際、僕は料理の仕込みに忙しくしていて店内のレイアウトや雰囲気づくりの指示は何もしなかった。それでも早瀬君や香奈が率先して準備をしてくれたようだ。

木村さんファミリーのテーブルも、あえていちばん奥ではなく、調理場からもスタッフと連携ができて少しにぎやかな雰囲気になる店内の中ほどの壁際に用意した。

いちばん奥だと静かすぎてかえって気を遣ってしまうかもしれないし、スタッフの目も行き届かなくなってしまう。

その代わり、木村さんファミリーのテーブルの周囲は席をつくらず、通路としても使いやすいようにした。これなら他のお客様に気兼ねされることもなく食事を楽しむことができるというスタッフみんなの気配りだった。

「僕たちも、最後にこんな温かい時間をご一緒させてもらうことができてうれしかったです。ありがとうございます」

僕の言葉に続くようにスタッフみんなが頭を下げた。


「そんな……」

木村さんが恐縮するようにしながら言った。そして、こんなことを僕とスタッフに話してくれたのだ。


「蒼太と僕たちにとって外に出て何かを楽しむのって、すごく勇気がいるんです」

「勇気？」

「障がいのある子どものいる家族って、たとえば遊園地だってなかなか行けません。乗り物ひとつ乗るのでも大変です」

木村さんはそう言って、想いを飲み込むように呼吸を置いた。

「以前、蒼太を初めて遊園地に連れて行ったんです。でも車イスで楽しむことができるアトラクションは、ほぼゼロなんですね。施設によっては車イスで入ることができるものもあるんですが、車イス用入口の通路は錆びたチェーンがかかっていて、通路の鍵を係の人に開けてもらうために呼びに行かないといけない。

車イスから蒼太を降ろして、僕が付き添って一緒に乗ることでお願いしたものもあるんですが、脳性まひの障がいのことを話すと『万一のときに責任が取れません』と断られてしまって。

もちろん、遊園地側の事情もわかります。他にもお客様がいるわけですから、僕たちだけに特別な対応をすることも難しいと思うんです。だけど、やっぱり蒼太と同じぐらいの年齢の他の子たちが楽しそうに乗ってる顔を見ると……」

僕は目の前にいる蒼太君が、他の子たちの歓声の中でポツンと置かれている姿が目に浮かんで胸が締めつけられた。

きっと、そのとき木村さんご夫婦は、その何倍も悲しく辛い想いをしたのだろう。自分の子どものために何もしてあげられなかったなんて。このとき、僕の中でディズニーランドの光景がよみがえった。

すべての人にハピネスを届けることを本当に行っているディズニーランドなら、そんなふうに悲しませることなんてないはず。そう思った僕は木村さんに伝えた。

「もしよかったら、一度、ディズニーランドに行かれてみてはいかがですか？」

「ディズニー？　あの舞浜のですか？」

「ええ、行かれたことは？」

「いや、ないです。そんな有名なテーマパークなんてもっとハードルが高いですよ。そもそも車イスのままパークに入れてもらえるのかどうかもわからないですし。

それに中に入れたとしても、ディズニーを楽しみに来ている他のお客さんたちと一緒にアトラクションに並んで、急に蒼太が不安がって大きな声を出してしまったりとか何かあったら迷惑かけてしまうんじゃないかって。

そう考えたら、どうしても遠く感じてしまいます。近所の公園ですらいつも気を遣ってるぐらいなので」

木村さんは、ディズニーランドなんてとんでもないという感じで僕に言った。

「そんなことないですよ。東京ディズニーリゾートは、本当に誰でも楽しめるんです」

「え、でもどうして？」

「じつは、僕も昔、ディズニーランドでキャストとして働いていたんです」

木村さん夫婦は顔を見合わせるように驚いた。

東京ディズニーリゾートでは「ノーマライゼーション」という言葉と考え方があり、すべてのゲストに楽しんでもらえる環境をつくることをキャストみんなが常に大切にしている。

パークの中では障がいのある人を特別視せず、一般のゲストとできるだけ同じように楽しんでもらうための工夫をしているのだ。

パーク内の自然なバリアフリーはもちろん、一部のアトラクションでは車イスのゲストとその家族が一緒に乗れるようになっていたり、順番待ちで並ぶことによる負担を軽減する「ゲストアシスタンスカード」の利用によってキャストがケアする仕組みなどがちゃんと用意されている。

僕は自分がキャスト時代に戻ったみたいに木村さんに話した。ディズニーを卒業して何年たっていても、やはり目の前の〝ゲスト〟にディズニーを心から楽しんでほしいという気持ちに自然となってしまうのだ。

「そうだったんですね……知りませんでした。でも、それならどうしてもっとディズニーがすべての人に平等であるっていうことがアピールされていないんでしょうね」

「僕も最初はふしぎでした。でも、あえて言えばアピールするっていうこと自体が自然じゃないのかもしれません」

「というと？」

「あまり知られていないかもしれませんが、ディズニーには障がい者割引という考え方や制度がないんです。つまり、それだけどんなゲストも、ここでは平等に楽しむことができることを当たり前にするというディズニーの信念があるんじゃないかと僕は思っています。

もちろん、そのためにいろんな施設を使いやすくしたり、高齢の方やケガ、妊娠などで一時的に体の機能が低下しているゲストを支援するツールも整えています。でもなによりキャストがどんなときもゲストが楽しめるようにサポートしていることが、いちばんの心の通ったバリアフリーになっているんじゃないでしょうか。

あ、なんだか僕が〝中の人〟になったみたいに話してしまいましたね。でも、本当にディズニーなら蒼太君も楽しめると思います」

＊＊＊＊＊

蒼太の5歳の誕生日と妻との結婚記念日のお祝いをダイナーですることができたのは、僕たち家族にとってささやかだけれど大きな出来事だった。

これまで、あんなふうに自分たち家族以外の他人が大勢いる場所で蒼太と長時間過ごす機会なんて、ほとんどなかったからだ。最初こそ、ちょっと落ち着かない様子だったけれど、次第にふしぎなぐらいリラックスしていたのはなぜだろう。

ダイナーの内田さんや店のスタッフたちの、さりげない気遣いがそうさせてくれたのだろうか。

僕たちに限らず蒼太のような障がいを持った子どもたち、そしてその家族はどこか遊びに行ってみたい場所があっても行くのをためらうことが少なくない。

電車に乗るのだって、混んでいる車内で迷惑をかけてしまったらと考えると、なかなか出かける気になれないのだ。ましてディズニーランドのような人気のテーマパークならなおさらだ。ゲストと呼ばれる他のお客さんたちだって、それなりのお金と時間を使って本気で楽しみに来ているのだから。

けれども、ディズニーキャスト出身だという内田さんは「ディズニーなら蒼太君もご家族も楽しめますよ」と言ってくれた。どうして、そこまで言い切れるのだろうと思った。

いくら内田さんがディズニー卒業者だからといっても、接客の仕事をしている人間である以上、障がいを持っていたりするゲストも含めて「すべてのゲストに平等に楽しんでもらう」ことが簡単ではないことはわかっているはず。

それでも「ディズニーなら」と言うのだから、もしかしたら本当にディズニーランドは気持ちのバリアも溶かしてくれる〝夢と魔法の王国〟なのかもしれない。

そう考えて僕たちは蒼太を連れて初めてのディズニーランドに出かけることにした。

―― 1週間後 ――

舞浜に向かう休日の京葉線は混んでいると聞いていたので、僕たちは蒼太のことを考えタクシーで向かった。いつもの車イスがなくてもパークで車イスをレンタルすることができるという。

パークに着くと内田さんに教えてもらったとおりに、正面入口を入って右端のレンタル窓口で車イスを借りることができた。

「ありがとうございます。ディズニーランドは初めてなので、よくわからなくて」

僕がレンタル窓口のキャストの女性にお礼を言うと、キャストの女性から「こちらのゲストアシスタンスカードはお持ちですか？」と、なにやらメニューのように二つ折りになったカードを渡された。

「えっと、それは」

もしかしたら内田さんが話してくれた、障がいのあるゲストなどに向けたサポートツールのことなのかもしれないと思ったが、カードの名前まではよく覚えていなかったのだ。

「こちらのゲストアシスタンスカードをアトラクションにお持ちいただき、キャストに見せてください。キャストのほうから何時にお越しくださいというご案内をこのカードに書かせていただきます。

そうしたら、お好きな場所で時間になるまでお過ごしいただいて、時間になったらまたアトラクションのキャストにお声がけいただければご案内させていただきます」

「ということはアトラクションの列で待たなくても大丈夫ということですか？」

「はい、そうです。待ち時間には変わりないですが、蒼太君もそのほうが負担がなくて楽しめると思います」

「本当に助かります。蒼太は家族以外の大勢の人の中だとちょっと不安がるので」

「ぜひ、たくさん楽しんできてください！」


蒼太と僕たちはキャストの女性の笑顔に見送られ、パークの中に進んでいった。

初めての場所というのは、大人でも少し緊張するものだ。とくに障がいを持った子どもと一緒に出かけた場合、他の人に迷惑をかけないだろうか、施設の人に対応してもらえるだろうか、などと行く前もそこに着いてからも気が抜けない。

いつもまわりからは想像できないぐらい、親にプレッシャーがかかっているのだ。

けれど、ふしぎなことにディズニーランドでは僕たち親自身が、そんなふうに身構えなくても済んだのだ。

まだパークに足を踏み入れたばかりだったが、最初に対応してもらったキャストの雰囲気や印象から、なんだか「ようこそ」と受け入れられているような安心感を得ることができた。

親がそうやってリラックスできているからなのか、蒼太も思った以上に落ち着いていることに僕たちは安心した。

ワールドバザールを抜け、目の前にシンデレラ城が見えてきたとき、僕は思わず立ち止まった。これまで映像では見たことがあったけれど、実際に、このパークの空気感の中で目にすると、ここが本当に特別な場所のように思えたからだ。

そして、そんな特別な場所に、いつもと変わらないように蒼太と僕たちが遊びにやって来られていることにふしぎな気持ちがした。

「どうしたの？」

シンデレラ城を見つめ続ける僕に、妻が怪訝そうに言った。

「ごめんごめん。なんだかさ、ずっと昔からここを知ってるような気がしたから。ふしぎだなって思って」

「だって有名だからね。テレビとか雑誌とかにもいつも取り上げられてるし」

「うん。それもあるんだけど、なんていうか落ち着くなって思って」

「そう言われれば、そんな感じするね。蒼太も安心してるみたいだし……」

いつもなら知らない場所ではすぐに帰りたがる蒼太が、ここでは身を乗り出すように初めて見るディズニーの世界に生き生きとしている。

僕たちは、アトラクションには乗らなくても、ディズニーランドの雰囲気を直に感じることができただけでもうれしかった。パーク内を散策し、パレードを鑑賞して、レストランで食事もできれば十分。

ただ一つ、妻が楽しみにしている「ミッキーの家とミート・ミッキー」には行こう

ねと約束していた。キャラクターに直接会えるのは、ふつうは子どもにとってうれしいことだが、蒼太はもしかしたら怖がるかもしれない。

そのときは、僕が蒼太を連れて出て妻だけでもミッキーと記念撮影できればいいと考えてミッキーの家まで行った。エリアのキャストの人にゲストアシスタンスカードを見せ、待ち時間を教えてもらうと指定された時間までトゥーンタウンをのんびりと歩いた。

とくに何かをしたというわけではないのに、満たされた気持ちを感じながら、僕たちはミッキーに会えるまでの時間を過ごしたのだ。

そして指定された時間になり、ミッキーの家に入ると、映画撮影で世界中を飛び回っているというミッキーにまつわるいろんな小道具が目に飛び込んできた。これまで僕はミッキーの映画を観たことがなかったけれど、飾られている一つひとつのものが、なんだかとても親しみがもてるものだった。

いよいよ「撮影現場」に入ると、映画撮影で休憩中のミッキーが出てきてくれた。

（ミッキーだ！）

自分でも驚いたけれど、ミッキーに会うと心の中で声をあげてしまいそうになるのだ。赤いローブのような衣装を着たミッキーは、本当に僕たちがイメージしていたミッキーそのものだった。

案内してくれるキャストにたずねると「ファンタジア」という映画で魔法使いの弟子になったミッキーだという。

妻は初めてのミッキーとの対面に、少し目が潤んでいる。ふと、蒼太を見ると、車イスから乗り出さんばかりだ。

え、蒼太？

これまで家族以外の人はもちろん、ショッピングモールなどで見かけたキャラクターの着ぐるみにも、そんなふうに自分から前に出て行こうとするどころか、むしろ逆に避けて怖がるような反応をしてきたのに。

ミッキーが「こっちだよ！」という仕草でエスコートしてくれて、蒼太もそれに自然と応えるようにしている様子に、僕と妻は映画でも観ているような気がした。

こんなことって、あるんだ！　信じられないようなことが目の前で現実になると、人はその現実の中にいる自分を別のところから見ているような気さえしてくる。

脳性まひという障がいを持つ蒼太にとっては、家でテレビアニメを見せても、それが自分に見せられているものなのかどうかを理解することが難しい。なのに、今、目の前のミッキーが蒼太に触れて、まるで友達になったかのように反応しているのだ。

僕と妻はデジカメを渡して写真を撮ってもらうことも忘れて、目の前の奇跡にただただ見入っていた。蒼太がたとえ理解できなくても、妻が喜んでくれればと思って「ミッキーの家とミート・ミッキー」にやって来たのに、いちばん楽しんでいるのは蒼太だったのだから。

ミッキーの家を出てからも、僕たちは空中をふわふわと漂いながら跳びはねているような気持ちだった。

トゥーンタウンを抜けて、ファンタジーランドに入り、キャッスルカルーセルのにぎやかな音楽が聞こえてきたところで、僕は以前から夢見ていたことをやってみたくなった。

「蒼太、一緒に空飛ぶ乗り物に乗ってみようか」

妻は「え、本当に?」という顔をして僕と蒼太を見た。蒼太は言葉では返事できなくとも「うん!」という顔をしているように見える。

生まれて初めての父と息子の小さな冒険。息子を持った父親なら、きっと誰でもお母さんには内緒でそんなちょっとした企《たくら》みをしてみたくなるのだ。

僕は妻に、今の蒼太ならきっと大丈夫だと思うと言い、「空飛ぶダンボ」のアトラクションに向かった。

アトラクションとはいえ、空中で回転しながら動く乗り物なんて、いつもの蒼太なら怖がって大きな声を出してしまうかもしれない。そもそも、自分ひとりでは座るのも、立ち上がるのも難しく、そんな乗り物にちゃんと座って乗ること自体が困難なのだ。

けれど、今日の蒼太の様子を見ていたら、他の5歳の子と何も変わらないように思えるぐらいディズニーの世界を楽しんでいる。これなら、きっと蒼太も父と子の小さな冒険を一緒に楽しめると思った。

だけど――。キャストの人に蒼太の障がいのことを伝えたら、空中で回転しながら動くアトラクションに乗ることは断られるかもしれない。そうなれば、今感じているこの幸せな気持ちがしぼんでしまうかもしれない。

ここでわざわざそんな無理かもしれないことを口にするのは、やめたほうがいいのだろうか。

「空飛ぶダンボ」のまわりには、たくさんの家族連れのゲストがいた。蒼太と同じぐらいの年齢の子たちも、大空を気持ちよさげに旋回しているダンボを見上げている。

どこかに車イスで来ているゲストがいるかなと見渡してみたけれど、どこにもそんな姿はなかった。そうだろうな。僕は半分断られるだろうと思いながら、係のキャストに声をかけた。

「あの、すみません」

「はい、こんにちは！」

係のキャストの女性は、すぐに車イスの蒼太に気づいて、僕と蒼太に笑顔を向けてくれた。

「うちの子、ふだんは自分で歩くのが難しくて車イスなんですけど、ダンボにならおれると思うんです。僕と一緒にこれに乗ることってできますか？」

「ゲストアシスタンスカードお持ちですね。拝見しますね」

無理ならすぐにここを立ち去ろうと思いながら、僕はキャストの女性にカードを渡した。

すると、サッと他のキャストに声をかけてなにやら伝えたあとでこう言ったのだ。

「お待たせしました。蒼太君とお父さんの空の旅、準備させていただきます！　お父さんがしっかり支えてあげられれば大丈夫です。

それに、ダンボはとってもやさしくてふしぎな力を持った象さんなので、安心してくださいね」

「……ありがとうございます！」

僕と蒼太はキャストにサポートをしてもらいながら、世界で唯一空を飛べる象のダンボに乗った。

蒼太はここでも嫌がるようなそぶりを見せなかった。少し落ち着きはないけれど、これから始まる冒険を期待しているかのよう。

「ダンボと一緒に空を飛ぶみなさん、出発の準備はできましたか？　それではダンボと一緒に空の旅をお楽しみください！」

アナウンスと共に、ダンボがフワッと宙に浮かんで回り始めた瞬間、僕は蒼太を支える腕に少し力を込める。驚いて急に体を動かしてしまったりしないか心配だったからだ。

他のゲストたちから見れば、なぜあのお父さんはあんなに真剣な表情をしているんだろうと思ったかもしれない。だけど、それぐらい僕にとっても緊張の瞬間だったのだ。

ダンボがゆっくり回転し、蒼太と僕の見ている世界が同じように回り始めたとき、恐る恐る蒼太の顔を見て僕は驚いた。

蒼太が今までにないぐらいの輝きの表情を見せていたからだ。それは蒼太が自動車や車イス以外の動く乗り物に、初めて乗れた記念すべき瞬間だった。

(蒼太!)

シンデレラ城をバックにミラーボールのようにキラキラと反射する光を浴びながら、僕と蒼太は小さな空の冒険に飛び立つ。まるで新しい世界へ自分がダンボと一緒になって飛び立ったかのように蒼太が笑っている。

ダンボの背中の内側に座った蒼太をしっかり支えながら、僕は蒼太の顔ばかり見ていた。動く乗り物に乗ってはしゃぐなんて考えられなかったことだからだ。

車イスでは感じることのなかった風の感触。宙に浮かんだところからの初めての視

界。すべてが蒼太にとって命の輝きに見えたのかもしれない。

僕たちを見守っている妻に向かって空から一緒に笑顔を向ける。少し涙ぐんだ笑顔で妻が手を振っているのが見える。歓声や音楽に混じって言葉は届かない。けれど、その瞬間、僕たち家族は言葉にならない一つの想いでつながった気がした。

今、この瞬間が幸せであること、その幸せを一緒に分かち合える家族がいること。そんな姿を見守ってくれているディズニーの人たちがいること。すべてに、命の輝く姿で「ありがとう」を伝えている蒼太。僕は、心からうれしさがこみあげてきた。


回転する「空飛ぶダンボ」の中央でミラーボールの上に立ち、タクトを振っているのは鼓笛隊《こてきたい》の格好をしたネズミのティモシー。

生まれたときから他の象たちと違って耳が大きいことを馬鹿にされ笑われ、サーカスの中でものけ者にされていたダンボを励まし、勇気づけ、ダンボにその大きな耳で空を飛べる力があることを気づかせたティモシーのように、ディズニーランドは僕と蒼太に「冒険の楽しさ」を気づかせてくれたのだ。

「ねえ、蒼太めちゃくちゃ笑ってたね」
「ほんと、すごかった！　すごく笑ってた」

乗ったときと同じようにキャストに蒼太をサポートしてもらい「空飛ぶダンボ」を降りた僕は興奮が覚めないまま、妻と何度も、ダンボで起こった奇跡について涙混じりの笑顔で伝え合った。

ふつうなら、なんでもないことかもしれない。けれど、僕たちにとっては家族の新しい1ページを開くような素晴らしい体験だった。もしも、ディズニーランドのような場所がなかったら、僕たちは蒼太と一緒に動く乗り物に乗る喜びを味わうことなんてずっと知らないままだったかもしれない。

あの日、誕生日会と結婚記念日のお祝いをさせてもらったダイナーで内田さんからディズニーランドの話を教えてもらったことで、僕たちは蒼太と新しい世界にどんどん出て行く楽しさを知ることができたのだ。

＊＊＊＊＊

残り1週間――。

僕たちがなんとか立て直そうとがんばってきたダイナーも、本格的にお客様が増えることもないまま、とうとうオーナーから示された閉店期限を迎えようとしていた。

寂しさや悔しさもあった。けれど僕たちが、あの日、それまで外のお店で家族そろっての食事をしたことがなかったという木村さんファミリーを迎えることができたのは、ダイナーのスタッフみんなにとって「最後のいい経験」になっていた。

これから先、どんなふうにやっていくにしても、仕事をするうえで本当に大事な「相手と一緒に幸せな時間をつくり出す」ことの大切さをあらためて実感することができたからだ。

その姿勢というか気持ちを忘れなければ、飲食業界だけでなくどこで何をするにしても、お客様に喜んでいただける。そんな確信がつかめただけでも幸せだなと考え、僕たちは淡々とダイナーでの最後の仕事をこなしていた。

「今日も、いつもと同じ感じかな。でも、最後までダイナーの温かさだけは守って、今日もがんばろう。よろしくお願いします！」

僕はいつものようにスタッフと開店前のミーティングをした。ちょうど、みんなで「お願いします！」と声を出し終わったところに店の電話が鳴った。

「はい、お電話ありがとうございます。ダイナーです」

「あの、今日、19時からなんですけど4人で予約できますか？」

最近では開店直前に、そんなふうに予約の電話が入ることなどほとんどなかったので僕は一瞬言葉に詰まった。

「あ、はい。ありがとうございます。高橋様で4名様ですね。お待ちしています」

珍しいなと思いながら仕込みの続きをしていると、また電話が鳴る。今度はスタッフが電話に出ると、お店のメニューの問い合わせと予約だという。

そうこうするうちに、その日のダイナーの予約は次々と埋まっていき、僕はスタッフと顔を見合わせながら調理や接客に追われた。

商売をしていると、ときどきこういうことがあるものだ。何がどうなったのか、まったくといっていいほどパッタリお客様が来ない日もあれば、なぜかふしぎなぐらい予約が重なる日もある。

ところが、次の日になっても予約や「空いてますか？」「幸運を呼ぶカクテルのお店ってここですか？」と店に食べに来てくれるお客様は途切れなかったのだ。

こんなに忙しくするのって、ディズニーで働いていたとき以来かもね。スタッフにそんな冗談を言いながら、僕はふと思い出したように、ホールに出たタイミングで一組のカップルのお客様にたずねてみた。

「ありがとうございます。今日はどうしてうちのお店に？」

「知り合いに教えてもらったんです。ディズニーランドみたいに幸せな気分になれるお店だからって」

「……ディズニーランドみたいに？」

「って言ってました。えっと、何でしたっけ？　飲むと何かいいことがあるカクテルもあるんですよね？」

「あ、はい。『スクリュードライバー』ですね。もちろんご用意できます」

「いいお店、木村さんに教えてもらってよかったね」


（木村さん？）


カップルの女性が口にした名前に驚いた僕は、すぐにたずねた。

「あの失礼ですが、お知り合いの木村さんというのは、蒼太君という男の子のお父さんの？」

「そうです。あ、僕ら木村さんと同じ会社なんです。それで、ここのダイナーを教えてもらって――」

あの日、木村さんはダイナーで、どんなお客も分け隔てないハピネスに触れたのだという。「幸運を呼ぶカクテル」を楽しんだら、本当に奇跡みたいなことが起こり、ディズニーランドで蒼太君の、これまで見たことのないような笑顔を見ることができた。味わったことのなかった喜びを受け取らせてもらったと、次の日、会社のみんなに話したそうだ。

それればかりか、自分のブログでも発信して、ダイナーのことを紹介してくれたらしい。

その中には「幸運を呼ぶカクテル」の話だけがブログから独り歩きして、いろんなブログやグルメ情報サイトに伝わってしまったものもあったが、結果的にはそのおかげもあって、いきなり大勢のお客様がお店を探して来てくれることにもなった。

「木村さんは、このお店のことを応援してあげてって言ってました。自分たちにとってとても大事な店だからって」

まさか、自分たちの知らないところでそんなふうにダイナーのことを言ってもらえているなんて思いもしないことだった。それにしても、なんという皮肉なのだろう。ようやく自分たちの店がお客様に愛され始めたと感じた瞬間に、自分たちの手でその関係を壊さなくてはいけなくなるなんて。

「このお店、ほんとになくなるんですか？」

カップルの女性が僕にたずねた。

「……はい。僕たちも残念なのですが」

自分でそう答えながらも、本当にこのまま店をなくしてしまっていいのだろうかと僕は胸が重かった。有名でもなんでもない店だけど「ここに来ればちょっとだけ幸せな気持ちになれる」と思ってくれる人がいる。

そんな場所を僕は、このまま何もしないで消えていくのを見ているだけでいいのだろうか。スタッフたちも、最後の最後になってこの店が「自分たちの必要としている居場所だ」という感覚を持ち始めていた。

あれほど「辞める」と言っていたアルバイトの早瀬君も、「もうちょっといてあげてもいいですよ」と冗談交じりに言ってくれるようになった。

「僕がいなくなったら、内田さんまたホールでお客さんに叱られないといけなくなりますもんね」

そんなふうに憎まれ口をたたくのは相変わらずだったけれど、彼なりに何かここにいれば大事なものが得られると感じたからだろう。

そしてなにより木村さんファミリーが「自分たちにとって大事な店」と言ってくれているのに、お店が姿かたちを変えてしまったら、木村さんたちも何か大事なものを失ったような気持ちになるかもしれない。

僕は、このダイナーを自分の力で再生できないかと考えた。再生というと大げさかもしれないけれど、もう一度みんなでこの店を「人と人が共感し合える場所」にすることができれば、必ずここはずっと必要とされる店になると思った。

ディズニーランドがなぜあれほど多くの人に愛されているかといえば、なにより、みんなに平等で誰もバリアを感じることなく過ごせるからだ。もちろん、ディズニーのようにすごいものはつくれないかもしれない。

けれど、根底に流れる「人が人を想うやさしさ」「ハピネス」は一緒。いつ来ても心から楽しめて癒される場所。小さい子どもがいても、障がいを持っていても、みんなここではそれぞれに余計なことを気にせずに楽しめる。

ただ食事に来るだけの場所ではなく、人間が生きていくのに大事な気持ちをお互いに分かち合えるような店をつくる。それが僕がやりたいことだと、やっとわかった。

意を決してオーナーと交渉すると、思ったよりあっけなく「それなら内田君が責任を持ってやってほしい」と言われ、経営を任せてもらえることになった。

オーナーも最初は驚いたが、お客様が途切れることのなくなった状況を見て、店を閉めて新たな投資をするよりも僕に任せることを決断してくれたのだ。

2005年 12月

僕はこれまでの人生で初めて、自分の名刺を持つことになった。

ディズニーキャスト時代にファイブスタープログラムの記念品としてもらったティンカーベルの名刺入れがようやく陽の目を見たのだ。

オーナーから経営を任されることになった店の名前を、新たに至福の台所という名の「Bliss Kitchen」と名付けた。ここに来れば、心もお腹も満たされるようにという想いを込めて。

僕は、自分が子どもの頃に感じた「自分の料理で人を喜ばせる。幸せにできる」という純粋な記憶がよみがえった。

何万人という人を喜ばせることは自分にはできないかもしれない。でも、目の前の

FIVESTARS
Bliss
Kitchen

人を喜ばせることはできる。「それでいいんだから」と名刺入れに刻まれたティンカーベルが微笑んでいるような気がした。

＊

講演のあとの立食パーティーでシェフの内田晃弘から、ディズニーキャストを経て自分の店を持つまでになった話を聞いた僕はシェフと固い握手をした。その手には熱い想いがこもっていた。

僕はあらためてディズニーの持つふしぎな縁とハピネスの力を思った。

みんな、本当は自分の中に純粋な命の輝きを持っている。その輝きがあれば、どんな場所も明るく照らすことができるし、他の人の気持ちを温めることができる。それほどの幸せが他にあるだろうか。

誰かに何かをしてあげたい。それは誰もが自然に持っている「幸せの源泉」のようなものだ。ウォルトもそれをすべての力の源として、今にまでつながるディズニーの世界をつくったのだ。

そしてそれは決してディズニーリゾートだけにとどまるものではない。人間がいるすべての場所で実現することができる普遍的なものであるはず。だからこそ、内田シェフのようにディズニーで育った人間が、外の世界でいろんなかたちのハピネスをつくり出すことができているのに違いない。

すべての人にハピネスを届けたいという、人間が生きるうえでの理想を追求する。それは決しておとぎ話ではなく、本当にできることなんだとウォルトは教えてくれているのだ。

《本当によくできたおとぎ話は、古びることがない。時間さえ手が届かない高みに存在しているんだからね》

——ウォルト・ディズニー

ウォルトがそう語ったように、おとぎ話のような世界こそが、じつは本物の人間の世界ということだって言える。だからこそ、これだけの人が今日もディズニーのことを語っているのだろう。

僕は、もうこれまで何度感じたかわからない「ディズニーで出会った人と人の縁と、そのふしぎな力」の大きさ、温もりを感じずにはいられなかった。

おわりに——いつも人間らしくいられる場所

私がこれまでのシリーズでも伝え続けてきたのは、ディズニーを触媒《しょくばい》として、よりクリアになった「人間本来のあるべき姿」「温かみにあふれた人間同士の絆」です。

世間ではディズニーというブランドがあまりにも特別なものとして見られます。

たしかに、リピート率9割以上といわれるディズニーリゾートは数あるテーマパークの中でも〝殿堂入り〟のような存在かもしれません。

ですが、私はそんなふうに神格化された見方をするのは、少し違うのではないかと思うのです。

誤解を恐れずに言えば、ゲストもキャストも含めて「人間としてすばらしい人たち」が集ってきたからこそディズニーという特別な存在が生まれたのではないか、と。

「人は誰でも世界中で最もすばらしい場所を夢に見、創造し、デザインし、建設することはできる。しかし、その夢を現実のものにするのは、人である」

――ウォルト・ディズニー

ウォルトがかつてこう語ったように、ディズニーという夢の場所で本書で著したような〝キセキ〟を起こしているのは、まぎれもない「人」なのです。

パークにやってくるゲストも、パークで働くキャストも、意識するにせよしないにせよ、心の奥底で求めているのは「ハピネス（幸福感）」です。

そのハピネスをゲストやキャストが感じたとき、そこにキセキの縦糸と横糸が織り成すふしぎな物語の幕があらわれるのです。

ハピネスをつくり出しているのは「ディズニーが大好き」というゲストやキャストの純粋な心。

誰に遠慮することもなく、楽しいことを楽しいと感じ、つらいことをつらいと言える。ここにやってきたら、ありのままの自分でいられる。

そんな〝見えない約束〟があるからこそ、多くのゲストがランドやシーにリピートし、迎えるキャストやエンターテイナーも、その約束を守れることを誇りと喜びに感じている。ディズニーは、そんな世界にまたとない場所なのです。


とはいえ、今の世の中でありのままの自分で生きること、どんなときも人間らしさを失わずにいることは難しい。本当にこれでいいのだろうか。自分は間違っているのではないだろうかと悩んだり落ち込んだりもします。

本書の三つの物語でも描かれていますが、ディズニーのゲストやキャスト、エンターテイナーたちだって同じです。だからこそ、その中から生まれる出会いや人間と人間の絆は「ほんもの」なのだと思うのです。

自分を偽って生きることを強いられがちな世の中で、自分にも他の誰にも真っすぐにありのままの自分で生きる。そんなゲストやキャスト、エンターテイナーたちがいるからこそ、ディズニーリゾートは日本でいちばんキセキが生まれる場所なのではないでしょうか。

最後に、これまでのシリーズを通して、数々のキセキのような読者との出会いを生むきっかけをつくってくれた制作スタッフに感謝を。

デザイナーの長坂勇司さん、イラストレーターのあさのけいこさん、編集協力いただいたふみぐら社さん、弊社スタッフの白石照美さん、シリーズの生みの親、育ての親ともいえるSBクリエイティブ編集長の吉尾太一さん。それぞれに心からの感謝を届けたいと思います。

このシリーズで一人でも多くの人が、見えない〝絆〟で結ばれ「人と人が関わるキセキ」が芽生えることを願って。

※本書は筆者自らの経験および取材による実話に基づいて創作された物語であり、実在の人物・団体とは関係がありません。

鎌田 洋（かまた ひろし）

1950年、宮城県生まれ。商社、ハウスメーカー勤務を経て、1982年、（株）オリエンタルランド入社。東京ディズニーランドオープンに伴い、初代ナイトカストーディアル（夜間の清掃部門）・トレーナー兼エリアスーパーバイザーとして、ナイトカストーディアル・キャストを育成する。その間、ウォルト・ディズニーがこよなく信頼を寄せていた、アメリカのディズニーランドの初代カストーディアル・マネージャー、チャック・ボヤージン氏から2年間にわたり直接指導を受ける。その後、デイカストーディアルとしてディズニーのクオリティ・サービスを実践した後、1990年、ディズニー・ユニバーシティ（教育部門）にて、教育部長代理としてオリエンタルランド全スタッフを指導、育成する。1997年、（株）フランクリン・コヴィー・ジャパン代表取締役副社長を経て、1999年、（株）ヴィジョナリー・ジャパンを設立、代表取締役に就任。著書に『ディズニー そうじの神様が教えてくれたこと』『ディズニー サービスの神様が教えてくれたこと』『ディズニー ありがとうの神様が教えてくれたこと』『ディズニー おもてなしの神様が教えてくれたこと』『ディズニー ハピネスの神様が教えてくれたこと』（以上、SBクリエイティブ）、『ディズニーを知ってディズニーを超える 顧客満足入門』（プレジデント社）がある。

ディズニー キセキの神様《かみさま》が教《おし》えてくれたこと

2016年4月27日　初版第1刷発行

著者　鎌田 洋
発行者　小川 淳
発行所　SBクリエイティブ株式会社
〒106-0032　東京都港区六本木2-4-5
電話 03(5549)1201（営業部）

装丁・本文デザイン　長坂勇司
イラスト　あさのけいこ
編集協力　ふみぐら社
編集担当　吉尾太一
組版　アーティザンカンパニー株式会社
印刷・製本　中央精版印刷株式会社

ISBN 978-4-7973-8640-0

大好評
シリーズ
90万部突破！

人生で大切なことに気づく感動ストーリー

ディズニーの神様シリーズ

鎌田 洋　著

定価（本体1,100円＋税）

なぜディズニーランドに行くと、幸せな気持ちになれるのか？その秘密は「ディズニーの神様」たちが握っていた。リピート率９割以上、日本でいちばん顧客満足度が高いと言われる東京ディズニーリゾート。本書はそんなディズニーのキャストとゲストの交流を描きながらディズニーのおもてなしの極意にせまる、涙なしには読めない感動物語。

SBクリエイティブ